築100年の家を1年かけて理想の空間にしたら生きがいを見つけました。

ほっち
YouTube「古民家DIYと犬」

KADOKAWA

はじめに

元フリーターが築100年の古民家を117万円で理想の空間にしてみた

岐阜県の東白川村。標高1000メートル級の山々に囲まれ、清流白川が流れるのどかな村に僕が移住してきて、1年4ヶ月。

この本は、**家の改修も農業もまったくのド素人が、築100年の古民家を28万円で購入し、1年間少しずつDIYを続け、ほぼまるごと1軒を改修して「生きがい」に出会えたお話**です。

リビング、キッチン、トイレ、浴室、洗面脱衣室、和室、ロフトの床下と壁、天井を張り直して、インフラ（水道や電気、ガスの接続など）以外は全部、自分たちで改修しています。現在は、飼っている犬や猫が暮らしやすい家にリフォームが完成しつつあります。

1軒の家をリフォームするのにかかった改修費用は、117万3066円。

その途中には、最初から改修作業をやり直した辛い日々や、薪ストーブの煙突を作ったら雨漏りしてしまった日もありました。

巨大ムカデに恐怖した朝やシロアリに絶望した日、そして畑で初めての収穫に涙した日も……。


ここで、少しだけ僕の自己紹介をさせてください。

僕は2023年現在で31歳。高校のときにオーストラリアへ1年間留学し、その後、楽器メーカーに就職するものの、ブラック企業だったため心身を病み、辞めます。アフィリエイトで食いつないだ後は縁あってマレーシアのIBMで働き、帰国した後は楽器店でバイトしつつ英語教室を運営していました。

2020年5月からは、「まろぷちべる（現在の「古民家暮らしのまろとぷち」）」というYouTubeチャンネルを立ち上げ、田舎での犬猫との暮らしやリフォームについて発信しています。

探し尽くした先で「28万円」のお宝物件に巡り合う

そもそも、人口約2000人のこの小さな村に僕が越してきたのは、2021年9月のこと。

それまでは兵庫県に住んでいましたが、そこは2匹の愛犬たちが自由に走り回れる環境ではありませんでした。特に運動量の多いボーダーコリーに思いっきり運動させてあげたいという思いがあって、僕は地方への移住を考え始めます。

また、当時は原因不明の咳に悩まされていたので、空気の良い土地に住みたいとも思っていました。

そこで僕は移住の約2年前から、場所にとらわれない生活をするためインターネットで完結する仕事をスタートさせ、移住の候補地を探し始めました。

物件探しのサイトやいろいろな市町村の「空き家バンク」を見ては、北海道から鹿児島、オーストラリアやジョージアまで、世界各地の候補物件を検討する日々……。実際に現地に行って、少しの期間お試しで滞在してみたところもあります。

でも、素敵な場所はたくさんあったものの、なかなか自分たちに合った移住先が決まらないまま時間だけが過ぎていきました。

そんなとき、どこかのサイトで「名古屋から車で2時間　1200坪土地つき一軒家が破格の14万円で販売」という記事を見つけます。

「14万円？　まさか」と思いつつ、すぐにその自治体に電話してみると、担当者の方から**「すみません、14万円の家はもうありません。28万円の家ならあるんですが……」**とのお返事が。

いやいや、28万円だって衝撃価格です。というより、本当に28万円で家が買えるんだろうか……？

そこで、半信半疑で2つあるという古民家物件に応募してみたところ、それらの物件には家族状況などの審査項目があり、残念ながら僕は2つとも落ちてしまいました。

「仕方がない」と諦め、再び他の物件を探し始めて、しばらく経った頃。

「古民家物件の選考に受かった方が辞退されたので、繰り上げ当選になりました」とのご連絡が……。なんという奇跡！

こうして僕は、念願の家を28万円で買う権利を獲得したのでした。

ド素人がネットの知識だけで古民家の改修は可能か

とはいえ、古民家はそのままでは住めない状態でした。なにせ半分が大正時代の建物です（残り半分は昭和初期に増築されました）。大がかりな修理や修繕が必要で、実際にどのくらいお金がかかるのかもわかりません。

ただ、村を訪れてみた僕は、雄大な自然に囲まれた美しい景色に一目惚れ。ここなら犬たちものびのび暮らせるはず！　さらに、コンビニやスーパーも車で10分と、この山の中にしては悪くない立地です。

そこで、僕が迷いながらも出した結論は、**自分たちでDIYをして家を改修しながら暮らす**ということでした。

水道やガスといった最低限のインフラは専門の方にやってもらうけれど、その他のことはなるべく自分たちで直して、**極力お金を使わずに犬と猫と人の理想の住まいを作っていく**。知識も経験もないド素人が、自分たちで調べながら、どこまで古民家をリフォームできるかやってみよう、と決めました。

でも、当時はインパクトドライバーも持っていないド素人です。

ネットの知識だけで、どこまでできるのか。僕はそのリアルな活動状況をYouTubeチャンネル「古民家DIYと犬」に投稿することにしました。

おかげさまで多くの方に視聴していただいていますが、**移住してから1年以上経った今、その活動記録を振り返ってまとめることにしました**。

僕と同じように地方の古民家に移住したいと考えている方や、DIYで家を改修したいと考えている方などに向けて、少しでもお役に立てるよう1軒の家をリフォームした記録を一冊にまとめたい……。

もちろん素人なので、うまくいかないことや失敗することもたくさんあります。

僕が投稿した動画を見て、「それは危ないからやめた方がいい」とか「こっちの方法がいい」と視聴者に教えていただいたことも。

村の方たちやお隣さん、近隣に住む仲間たちに助けていただくことも多々あります。本当にいろいろな方に支えられて生きていると感じる毎日です。

インフラ以外はド素人でもリフォームできる

DIYを始めて、1年ちょっと。現在進行形のものもありますが、家は大きく変わりました。

玄関近くの2つの和室は壊してキッチンや浴室、トイレなど水回りのエリアにしました。以前のトイレは家の外に汲み取り式便所しかなくて、さすがに辛いので家の中に作りました。浴室も、大きな窓のそばに移しています。

家の中心にあった和室は床下を改修し、上の鴨居も剝《は》がして大きく明るいリビングにして、薪ストーブを置きました。屋根裏部屋だったところはロフトに改造し、天井には断熱材を入れて寝室にしています。

キッチンも床を張り直し、防寒対策と湿気対策をしました。**最終的には、水回りやガスなどのインフラ以外はほぼリフォームしました。**

そして、広い裏庭には、**犬のためのドッグランと畑を作りました。**畑では、お隣さんに教えていただいて、**ジャガイモやサツマイモなどの野菜を育てています。**また、お隣さんから田んぼも一面お借りして、**無農薬の稲作**に取り組んでいます。

僕のYouTubeチャンネルを見てくださっている視聴者の中には、「私もDIYを始めました」とか「動画を見て移住を考え始めた」「こんな暮らしをしてみたい」などと言ってくださる方も多くて、とても励みになっています。

本書の構成と読み方について

本書では、時系列ではなく、リフォームのテーマごとにまとめています。

1章では、物件探しから購入までの道のりをまとめました。**実際に物件を買った諸費用や後から発生した予想外の出費、助成金などなどお金の話も書いています。**

2章は、家作りのための準備と虫の駆除について。**必要な工具や準備、また田舎暮らしで多くの方が気になる虫の駆除について**です。

3章は、浴室やトイレ、キッチンなどの**水回りの改修**をまとめました。時間はかかりましたが、何とかできました。

4章は、マイナス15度になる土地の**越冬準備**です。寒さに備えて床下を補強し、薪ストーブの煙突を作って屋根に通しました。

5章は、**憧れのロフトを作るための屋根裏部屋改造計画**です。かなり苦労したけれど、その甲斐あって心からくつろげる素敵な空間になりました。

僕は、「住処」を整えることを通して「生きがい」を見つけ、人生において本当の豊かさに気づくことができました。そんな僕の心境の変化も、皆さんに伝わればいいなあ、と思っております。

3歩進んだと思った途端に3歩下がるような「ゆるリフォーム」生活ですが、「こんな生き方もあるんだな」と笑ってもらえたら嬉しいです。

間取りの変化

Before

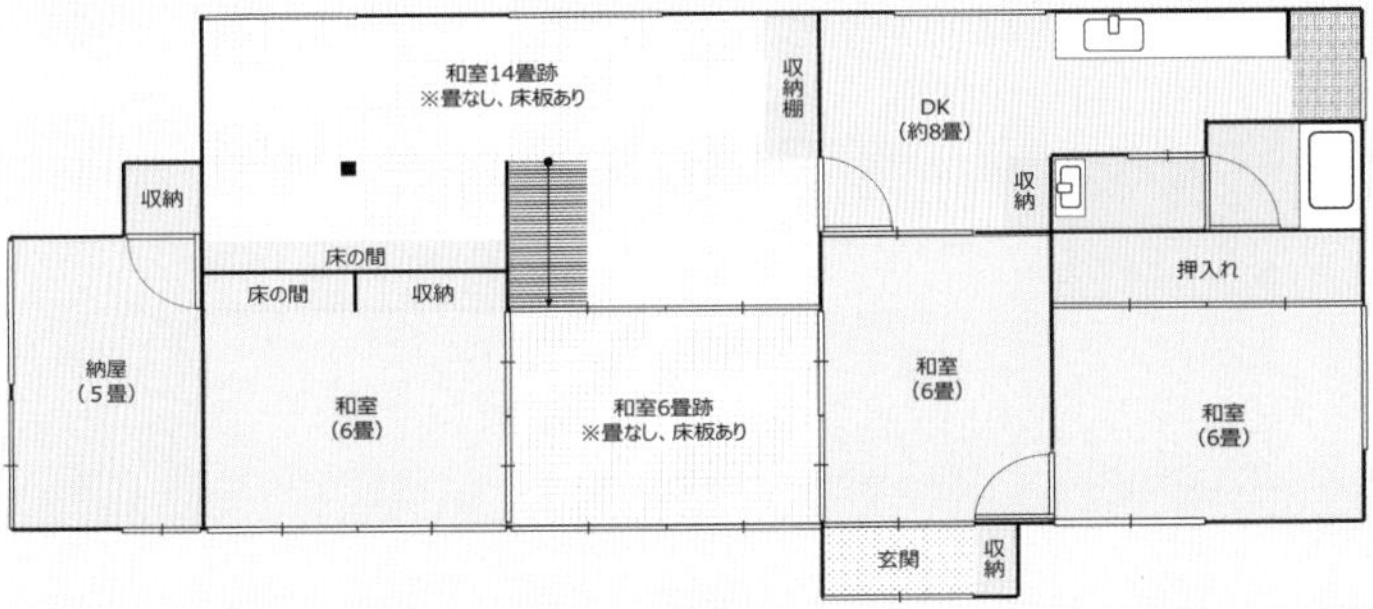

After

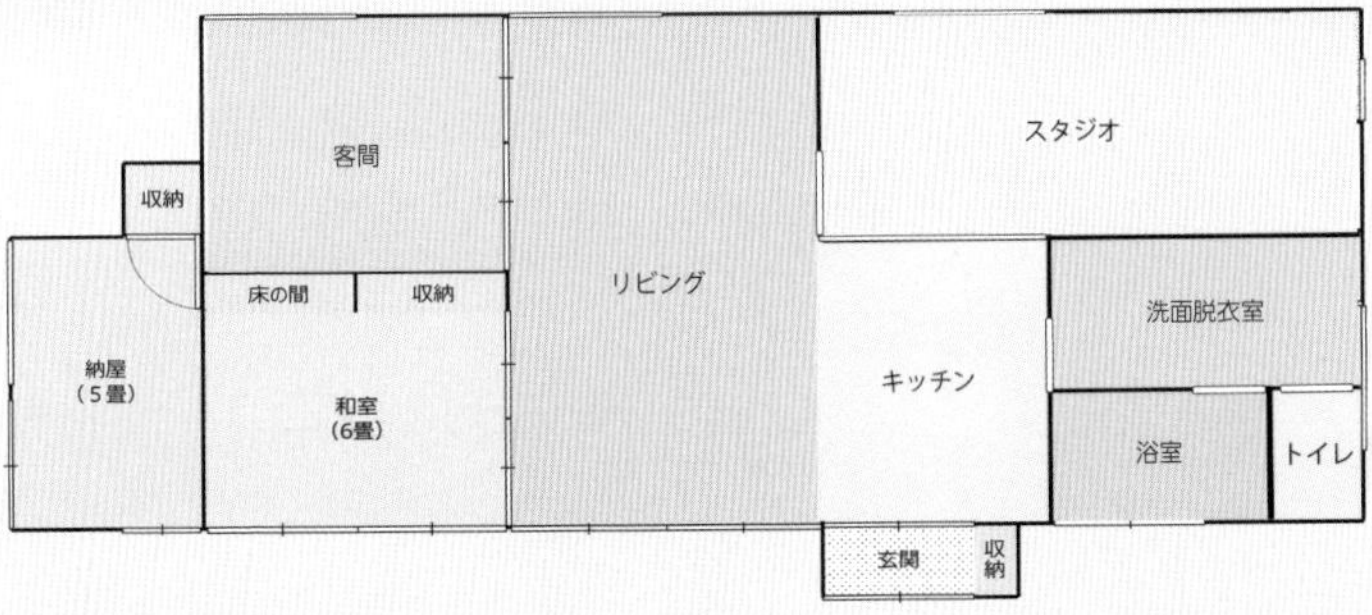

ほっちの大まかなリフォームの軌跡

2021

9月

移住スタート!

・和室（現キッチン）にキャンプ用品を
　並べて生活
　（11月まで兵庫との二拠点生活）
・床下にシロアリ発見し慌てて対策する
・庭に五右衛門風呂を作る

10月

水回りを整備して ロフトに手をつける

・お隣さんの稲刈りをお手伝い
・浄化槽の設置
・ロフトの作業開始→ NGなことを
　やっていたとわかり、作業中止（泣）
・リビングの床下を補強

11月

ストーブ制作にとりかかる

・和室に仮でトイレを設置
・薪ストーブの炉台作り
・敷居と鴨居を外す

12月

リビングの床と 煙突の制作を開始

・リビングの床を作る
・薪ストーブの煙突のパーツを自作
・天井に煙突を通す（薪ストーブ完成）

2022

1月

ロフト作り再開

- ご近所さんと初めての雪かき
- 中止していたロフトの天井の作業に戻る
- ロフトの壁を整える

2月

ロフトがついに完成する

- ロフトの壁、天井を仕上げる
- ベッドをロフトに上げて寝室に
- ロフトにいただきもののソファを置く
- スクリーンを設置してシアターを作る

3月

畑の野菜作りをスタート

- 洗面脱衣室と浴室になる和室を解体
- 庭にドッグランを作る
- 畑にジャガイモなどを植える

4月

水道とガス回りの整備が完了する

- キッチンの床下を剝がして床を作り直す
- キッチンの床下を整備
- 水道とガスが開通

2022

5月

キッチンが完成する

- お隣さんに借りた田んぼに水を引く
- 浴室の床下にコンクリートを打つ
- バスタブとシャワーを設置

6月

スズメバチ対策を行う

- 洗面脱衣室の床と浴室の壁を作る
- 階段下に柵を作る

7月

お隣さんの田植えを手伝う

- 浴室とトイレを仕切る壁を作る
- 稲の育苗に挑戦
- 田んぼを耕す

8月

客間とトイレが完成する

- トイレにドアを付け、壁と床を作る
- 客間の中央の柱を外す
- 客間の床張り

9月

洗面脱衣室と浴室を作る

- 浴室の壁を仕上げる
- 洗面台を設置する
- 浴室のタイルを貼り、板を張る

目次

まろ

べる

Mission 02

2年越しでとうとう古民家をゲットする！

Mission 03

移住の手続きと費用と仕事について

column 01

2章 家作りのための準備と虫の駆除

工具を揃えて
DIY環境を整備する

3章 失敗しない「水回り」のリフォーム

浴室・トイレ・キッチンをモダンに整える

目次

4章 暖かいリビングと薪ストーブ作り

マイナス15度の土地で冬支度

5章 屋根裏部屋の改造計画

屋根裏部屋を憧れのロフトにする

1章

移住先探し・購入・費用と手続き

お宝物件をゲットするまでの道のり

移住先探し

Mission

01

掘り出しもの多数!? 古民家物件の探し方

各市町村の「空き家バンク」はお宝情報が満載

冒頭で28万円の古民家を購入した経緯をお話ししましたが、**僕はまず「空き家バンク」のサイトから物件を探しました**。

空き家バンクというのは、地方公共団体が空き家の物件情報を提供しているホームページのこと。地元の住民から募集した空き家情報が、移住希望者向けの物件情報として提供されています。

ちなみに、ネットを検索すると、大手の不動産会社さんが全国の空き家バンクをまとめているページもありますけど、**そこにはメジャーな市町村しか載っていないことも多い**です。

たとえば、僕の住む東白川村の情報も、東白川村の空き家バンクのページにしか載っていませんでした。「全国の空き家バンクを一括で見られたらいいのに」と思いながら、一つひとつの市や町、村などの空き家バンクを検索して探すという地道な作業を繰り返していました。

2年ほど物件探しをしましたが、**不動産会社さんがまとめているページより、各市町村のページの方が掘り出しものの情報が載っていることが多いです。**

かなり面倒だけど、「ここの村はどうだろう?」「この県は?」というように、**気に入った地域があるなら狙いを絞って探した方が効率的です。**

「お試し移住制度」は利用するべし

お試し移住とは、**1週間とか1ヶ月間、地域によっては1年間など現地の施設に格安料金や無料で泊まって、その土地の生活を体験できる制度**です。

「いいな」と思った候補地のいくつかには、短期間のお試し移住をおすすめします。

なぜなら、**地域によって町の雰囲気も住民の気質もまったく違う**からです。都心よりはご近所付き合いが濃いので、その温度差で都心に出戻りする人もしばしば。

なので、お試し移住ができなければ、移住しようと思っている地域の宿に泊まってみるのも、移住後の「思っていた田舎暮らしと違う」を防ぎやすいかと思います。

僕がずっと住みたいと思っていたのは、土地も広く涼しい、犬にとって住みやすい環境の北海道でしたが、探していくうちに、鹿児島県や兵庫県京丹後市、岐阜県山県市などの物件にも気になるものが見つかり、最後まで移住先は迷いました。

それだけではなくて、ジョージアやオーストラリアなどの海外もいいな、なんて考えてみたことも……。

譲れない条件を決めると「理想」が見えてくる

ただ、「これだ」と思える移住先はありませんでした。

ネックは、お金と犬と猫です。大きめで運動好きな犬と保護した猫を飼っていたので、どうしても物件が限られてきます。

家賃が月10万円かかるなら当時住んでいた部屋とたいして変わらないとか、月2万円の家賃は安いけどすごく狭いとか、そもそも海外にペットを連れていくのは無理？などなど……。

結局、当時の住環境より良い物件が見つからず半ば諦めかけていました。

そんなとき、岐阜県の東白川村の古民家の情報を見つけます。

もちろん古民家の値段も破格でしたが、それ以外にも「大きな家」「広い庭」「暑すぎない地域」など、僕の求めていた条件にぴったりでした。

物件は探せば探すほどいろいろ見つかるので、どの物件を選んだらいいかわからなくなってくる人も多いと思います。

なので、**ある程度、譲れない条件を決めておいた方が自分たちの理想の物件が見えてきて選びやすくなります**。このときも「これが理想の物件だ」と思い、すぐに自治体の担当者に電話してみました。

僕の電話に応対してくださったのは岐阜県の移住相談員の方で、とても熱心に対応してくださり、いろいろな情報を教えてくれました。

県や町、村など自治体の多くに空き家バンクの担当者がいると思いますけど、**いくつかの自治体に的を絞り、先に移住担当者に相談してみるのもおすすめです。ネットには載っていない情報を教えてもらえることもあります。**

何より、知らない土地に移住するのは不安要素が大きいですが、現地の移住相談員の方にいろいろ話を聞いておくと、安心感も得られます。

移住相談員が熱心な自治体はサポートも充実

実は、移住相談員の方の対応は移住を検討する際の大きなポイントになります。いくつもの地域に問い合わせたり実際に訪れたりしてみた結果、地域の対応には温度差があり、それも一つの目安になることがわかりました。

移住相談員が熱心な自治体は、本気で移住者を受け入れようとしているため、たいてい移住後のサポートも充実しています。

その反対に「移住したいなら、どうぞご勝手に」という態度のところもあって、調べてみると移住後のサポートもあまり手厚くないところが多い印象です。

移住は、やはり「いい物件があったらＯＫ」で済む話ではなく、**周囲の環境や人が合うかどうか、自治体のサポートがどのくらいあるかも重要**です。

だからこそ、移住を決める前に現地に直接足を運んでおくことも大切ですし、その際にはやはり自治体の移住相談員や移住担当者を訪ねて、いろいろ話を聞いてみることが失敗しないコツだと思います。

ちなみに、僕が移住した東白川村は、当初から「ぜひ来てください」というウェルカムな雰囲気で、いい意味で衝撃でした。

実際、岐阜県や東白川村の移住の取り組みはとても積極的で、僕の住む集落では3分の1くらいの住民が移住者です。

移住者それぞれで条件は違いますが、中にはすごく良い物件を手に入れた方もいました。

その方にお話を聞いてみると、わざわざアパートを借りて仮移住をしたそうです。「覚悟を見せるのが大事！」とのこと。

何年もかけるのは大変ですが、やはり民間のサイトを見るよりも、自治体や現地の方に聞いた方が良い情報が見つかります。

自治体から180万円も支給されたわけ

地方に移住する際には、移住先の自治体から補助金や助成金が出る自治体、支援制度がある自治体もあります。

ただ、年齢や世帯構成などで金額も変わってきますし、条件付きのものもありますので、事前に調べておきましょう。

僕の場合は、岐阜県から50万円、東白川村からは30万円の補助金が出ました。このときも、岐阜県の移住相談員の方が補助金の条件や申請の仕方について丁寧に教えて

ください ました。

またこの2つの補助金以外に、浄化槽を設置するための費用として100万円の助成金も出ました。

僕の購入した古民家には、生活雑排水を処理するための浄化槽が付いていませんでしたが、今の法律では浄化槽の設置が義務化されているため、費用を出してもらえたのです。

なお、現在も岐阜県と東白川村の補助金制度は継続中です。ただ、制度は突然変わることがありますので、最新情報は各自治体のホームページなどでチェックしてみてください。

また、東京圏の方が地方に移住する際には、国から補助金が支給される「移住支援金制度」もあります。

ということで、我が家の補助金は計180万円でした。28万円で家が買えるだけでも驚きなのに、こんなに補助金が出るとは……！　びっくりです。

最初は補助金が出る理由が理解できなかったのですが、村に来たらわかりました。

それは、**人がいなくなると本当に困ってしまうから**です。

税収の心配よりも、「人がいないこと」は地域に深刻な影響を与えます。お店や病院、バス、電車、道路、銀行など、僕が普段何気なく使っているものは、使う人がいてこそ成り立つものばかり。

使う人がいないということは、お金が入らなくなるということで、管理できなくなってしまいます。

普段何気なく使っている道ですら、使う人が居なければ修繕されず、通れなくなる可能性もあるのです。

僕も道路があることに感謝するとは思いませんでした。「もしこの道路が使えなくなったら？」なんて考えたこともなかったので、**当たり前の日常に感謝するようになっただけでも、移住した意味があるかもしれません**。

補助金と移住条件

Mission

02

2年越しでとうとう古民家をゲットする！

残置物でいっぱいの物件の落とし穴

それから、家の購入代金28万円については多くの視聴者から驚かれましたが、多くの物件を見てきた中でも、これはやはり格安物件です。どんなに古い家でも、**100万円を切る物件はそれほど多くはありません**。

また、この28万円というのも、実は村に寄附された家を村の移住担当者がきれいにしてくれて、その清掃にかかった費用28万円を負担するということでした。

古民家物件では、以前の住民が使っていた家具や生活用品、場合によってはゴミなどがそのまま放置されていることがあります。

そうした残置物を片づけて処分しなければ住めないこともありますが、それは大変な作業です。残置物が多すぎる物件は処分に手間と時間がかかる可能性があり、自治体がやってくださるのは稀だと思いますので、注意が必要です。

残置物でいっぱいの物件の場合は、**自分たちで残置物撤去の作業をする余裕がある**

移住して3ヶ月後の家の様子。まだまだゴミ片は山積みです……。

かどうか、業者に頼むなら、その費用を出せるかどうかも考えておきましょう。

自治体からの移住の条件を確認しよう

移住して補助金を得るには条件が付くことがあります。

東白川村の場合は「**最低5年間は村に住むこと**」。住民票は村に置いておかないといけないということです。村の人口を増やすのが目的なので、これは当然かもしれません。

ただ、僕も最初は不安でいっぱいでした。

いくら物件が安く手に入っても、自分たちが環境に馴染めない可能性もあるからです。

地方に移住したら、近所の人たちから仲間はずれにされて散々な目に遭った……なんて記事もネットにはよくありますよね。そんなイメージがあったので、そういう状態になっても5年間は住み続けないといけない状況になるのは不安でした。

そこで、実際に村を訪れてみたところ、自治体の担当者のTさんがとても親切で、周囲の人の雰囲気がいいことがわかりました。

また、車で10分のところにコンビニとスーパーがあること、病院などの施設も周辺に充実していることがわかりました。

大自然に囲まれているのに利便性がいい立地。これほど自分たちにぴったりの土地は、めったにありません。

今回断ったら、こんな好条件の物件はもうないだろうと思って、移住を決めました。

やはり実際に現地を訪れてみるのが大事だと実感……。

そして移住した後、地元の方たちがどうだったかというと……。現実は、**心配していたこととの真逆**でした。びっくりするほどいい人ばかりで、いつも助けてもらい、支えてもらっています。

ただ、**お互いの距離感が都会よりずっと近いのは確か**です。

兵庫県に住んでいたときはお隣さんともめったに会いませんでしたが、**田舎ではお隣さんたちと想像以上に密です**。

頻繁に米や野菜を持ってきてくれるし、一緒に畑仕事や田んぼ仕事をしたりするし、地域の集まりもあります。**でも、それが苦痛どころか楽しくて、僕の場合は近いからこそ毎日助かっています**。

移住前は、密なご近所付き合いは嫌だなあ、できるかなあと思っていたので、**自分の心境の変化には本当にびっくりしました**。触れ合ったり助け合ったり、人の温かさを感じない日はありません。

移住先は人口2000人の小さな村

僕が東白川村に移住を決めた理由を簡単にまとめると、こんな感じです。

1 物件自体や補助金などの条件が良かった
2 周囲の自然が素晴らしい
3 村の方たちがとても親切
4 コンビニまで車で10分とアクセスが良かった

犬たちは毎日大はしゃぎで庭を駆け回っています。

窓から見える緑いっぱいの景色は何度見ても癒されるし、家の前の川では魚釣りができるし、夏の夜には蛍がゆったりと空中を光りながら飛び交う幻想的な光景が楽しめます。

何より自然豊かなのに、コンビニまで車で10分と、意外とアクセスが良かったことも決め手になりました。飲食店が多いのもポイントでした。

それと、東海地方にYouTuberの仲間がたくさんいたことも心強かったです。

こんなふうに好条件がいくつも重なって移住を決めましたが、やはり安心して住めるかどうかの明暗を分けるのは「**地域住民はどんな方か**」です。

地方ではご近所付き合いは欠かせませんし、**お付き合いが密なので、そういうものが苦手な人は合わないと思います**。

ただ、僕も地域のお付き合いには慣れていませんでしたし、最初は無理かもしれないと考えていました。

でも、この地域のご近所さんは助けてくれることはあっても、余計な詮索はしないし、嫌な噂を立てたりすることもありません。一番驚いたのは、この地域には嫌な人が一人もいないことです。

ただ、これも地域によると思います。閉鎖的だったり、意地悪な人が多かったり、新参者を受け入れない雰囲気がある地域もあるかもしれません。

実際に移住してから周囲の環境や人と合わないと、移住者も周囲の住民もお互いに大変なことになるので、**お試し移住ができないとしても、やはり現地の下見はマストです**。

いい物件があったら、お隣さんに挨拶だけはしてみるとかお話をしてみるなどして、どんな人かを観察した方がいいと思います。

Mission
03

移住の手続きと費用と仕事について

Amazonが届く土地なら何とかなる！

移住に向いているのはどの地域かという質問をいただくこともあります。

今はインターネットと宅配便があれば何とかなることも多いので、**Amazonが届く土地だったらだいたい何とかなる、というのが、1年4ヶ月過ごした実感です**。

というより、僕は工具やパーツの多くをネットで買っているので、宅配便の業者が来られない地域や配送に時間がかかる場所だったら、この生活はできません。

Amazonの他、現場の職人向けの通販サイトのモノタロウや中国のECサイト、アリエクスプレスもたまに使っています。

また、移住後の8ヶ月間はキッチンが使えなかったため、食事面ではずっと外食やコンビニ食、また冷凍の宅配食サービス「nosh（ナッシュ）」などを利用していました。

宅配便は届きますが、残念ながらUber Eatsはここまで来てくれないので、車は必要不可欠。「車がなくても生活できますか？」という質問もよくいただきますが、やはり地方だと徒歩では行けるところが限られます。

特に我が家の場合は、しばらくの間トイレもお風呂も使えず、トイレは車で5分の公園へ、お風呂は車で20分の銭湯へ通っていたので、**車がなければ生活できませんでした。**

銭湯に行った帰りにコンビニやスーパーでご飯を買ってくるという生活は、半年ほど続きました。

移住の手続きと費用と仕事について

僕が移住後すぐにしたことは、**役場での手続き**です。ただ、役場の方が全部丁寧に教えてくださったので、**難しいことは何もありませんでした。**

手続きは以下の通りで、賃貸物件を借りるのとほとんど変わりません。

・移住誓約書にサインをする
・購入証明書をもらう
・村に転入届けを出す
・ＪＡ（農業協同組合）に口座を作る
・補助金の申請をする

「地方っぽい」と思うのは、まずＪＡに口座を作ること。何をするにしてもＪＡの口座がないとお金の手続きができません。

また、村にＪＡバンク以外の銀行はありませんが、コンビニに行けばＡＴＭもあるのでメインバンクがネット銀行でも問題はありません。

補助金の振込は、住民票を移してから１ヶ月後、あるいは数ヶ月かかることもありますので、それも事前にチェックしてください。

地方移住後の仕事をどうするか？

ところで、視聴者からは「仕事はどうしているの？」という質問をいただくことも多いです。移住した場合、仕事や収入をどうしたらいいかは多くの方が気になるポイントだと思います。

今はリモートワークの方が地方に移住するケースが多いですが、**一般的には、移住後に現地で新しく仕事を探す方も多いようです**。

地方では、地元住民が高齢化して労働力が不足している自治体も多いので、**移住支援制度とセットで就業を支援している自治体もあります**。気になる方は調べてみてください。

コラムでも触れますが、この岐阜県や東白川村でも農業を始める人を強力に求めていますし、**仕事の担い手が足りない**という話はよく聞きます。

ただ、現地の人はインターネットでの求人や広報に慣れていないケースもあって、ネットで求人情報を探しても出てこないことも。

現地の自治体やJAなどに相談してみると良い情報が得られることがありますので、やはり実際に現地に足を運ぶのが大事だと思います。

僕たちが住んでいる東白川村では、自力で農業を始める方向けに、手厚い補助も出るようです。

場所の制限のない仕事へシフト

ご参考までに、僕のケースも紹介します。

これまで触れたように、僕は移住前には英語教室をしていましたが、実は**移住の少し前から動画編集の仕事も始めていました**。

動画の編集で月数万円程度の収入を得られるようになり、そのうち犬のYouTubeチャンネル「古民家暮らしのまろとぷち」も始めました。ボーダーコリーのまろとチワワのぷちを紹介するチャンネルです。最初は100回も再生されない日々でしたが、地道に続けていたら登録者数が3万人以上になり、それによる収益は月10～50万円になりました。

ただ、英語教室とYouTubeの収益だけでは心許ないので、動画編集の仕事も続け、いくつか企業のYouTubeチャンネル作りのお手伝いをしていました。その収益が月に10～30万円。

こうして、徐々にリアルからネットで完結する仕事、場所の制限のない仕事へシフトしていきました。

移住を決める際は、英語教室をどうするかで悩みましたが、当時は新型コロナウイルス感染症拡大の影響で一部オンライン授業もしていたので、移住を機に全部オンラインにすることにしました。

結果的には、対面のクラスの方がいいというお子さんが多く、今は数名が残るだけに。でも、皆さんが僕の挑戦を応援し、温かく送り出してくださいました。

こうして、移住しても何とかなりそうな収入と環境を得られたため、2021年9月から移住を始めますが、11月まで英語の授業があり、兵庫県に住みながら、週3日ほど東白川村に通うという二拠点生活を送っていました。

移住後は「古民家DIYと犬」というYouTubeチャンネルも始め、現在の収益は、犬のYouTubeチャンネル、古民家リフォームのYouTubeチャンネル、企業のYouTubeチャンネル制作という3つの仕事がメインです。

収益は、**月に20〜100万円**。贅沢はできないし、将来の不安もあるけれど、それは以前も同じ。少なくとも、今は自分に合った暮らしができていてストレスはないし、毎日幸せとやりがいを感じています。

今後は本格的に農業をして自給自足の暮らしがしたいとか、楽曲作りをしたい、ドッグカフェも作りたい、キャンピングカーを自作して日本中を回りたい、海外で暮らしてみたいなど、いろいろ考えているところです。

予想外の出費に備えよう

さて、移住やDIYにはどのくらいお金がかかったのか？　1年間を振り返って、ざっくりしたものですが、お答えします。

まず、家の購入に28万円です。

その他の資材や工具などの購入に、96万5563円。薪ストーブの費用（薪ストーブ本体とパーツの代金）に9万7787円。そして、家具や照明器具が合計42万9716円。水道工事で120万円。

補助金は180万円だったので、それらを計算すると**117万3066円**です。

ただし、この他に思わぬ出費もありました。

たとえば、**落石による車の故障は2回ありました**。一度目は雪の日、雪の塊に乗り上げたと思ったら岩で、車の底のオイルパンに穴が開いてしまい、オイル漏れでレッカー車を呼ぶ羽目に……。

また、夜道でよく見えない中で岩を踏み、タイヤがパンクしてしまったことも。移住してすぐに役場の手続きの際に話しかけて仲良くなった車屋のヒロくんがすぐ駆けつけてくれてタイヤ交換してくれましたが、**やはりそれぞれに十数万円の費用がかかってしまいました**。

後は、地域の助け合いのための自治会やJAがあり、それぞれに自治会費や組合費が必要になります。

また、**神社への寄附金**も払いました。実はこの村にはお寺がなく、神社がいくつかあります。

住民は地元の神社の氏子（住む土地を守る氏神を信仰する人）になって、神社に寄附をするという決まりがあって、**その寄附金として年に2~3万円払っています**。

やはり地方では地域活動や集まりも多いので、そのための出費はかかるかもしれま

古民家とDIYにかかった費用の合計

家の購入代金	280,000円
機材と工具	506,192円
薪ストーブ費用	97,787円
家財道具	429,716円
浄化槽の設置・水道管工事	1,200,000円
資材	459,371円
計	2,973,066円

せん。

それから、**42万円の水道加入分担金も一時的に必要になりました**。

水道加入分担金とは、新しく建物を建てて水道管を引き入れる際に払う費用ですが、この古民家では以前に水道を解除していたため、再度加入するために分担金を払う必要がありました。

この分担金のうち、40万円は後に村から還付されたので、実際に払ったのは2万円です。

ただ、そうした出費や、一時的に42万円

が必要になることについては事前に説明がなかったので、予想外でした。

さらに、**今はウッドショックの影響で木材の値段が急騰しています**。

2021年の春以降、世界的に木材の需要が増えて価格が1・5倍に上がっているそうです。

実際に、僕が移住してから木材はずっと高いまま。そんなことも想定外の出費につながりました。


このように、予想外の出費は絶対に発生します。事前に予測ができないものも多いので、ある程度は「仕方がない」と柔軟に捉えることが大事だと思います。

また、思わぬ出費があることを覚悟して、多少余裕を持っておくことをおすすめします。

Column

01

地域に欠かせない「ご近所付き合い」の本音

この地域では、ご近所付き合いは欠かせません。周囲の皆さんがお米や野菜をよく持ってきてくれるのですが、それが本当に美味しい！

特にお隣さんには、田んぼや畑のことをよく教えてもらっています。水道屋さんも、釣ったアユやイワナを作業の合間にご馳走してくれます。

こちらから話しかけて仲良くなった人もいます。村役場で手続きをした際、隣にいた人に移住者かと思って声をかけてみると、村に住んでいた男性と違う土地の女性が結婚され、婚姻届と転入届を出していたそうです。その男性がヒロくんという村の車屋さんで、それから仲良くなってリフォームを手伝ってもらったり、一緒に夜桜を見に行ったりしています。

移住先では、**なるべく自分から話しかけてみることをおすすめします！**

2章

家作りのための準備と虫の駆除

工具を揃えて
DIY環境を整備する

Mission
04

DIYの作業効率が上がる道具

家の改修には最低限この道具を用意しよう！

ＤＩＹの話に入る前に、この章では準備編として工具の話や虫の対策についてお伝えします。

まず、ＤＩＹで使う道具や工具類です。

移住後、最初に買ったのは**草刈り機**。犬たちのためにも草ぼうぼうの庭を草刈りしました。

草刈り機は騒音もすごいですが、振動も大きいので注意が必要です。長く使っていると、手や腕のしびれや痛みが慢性化する振動障害が出ることもあるので、僕は防振手袋を着けて、電動の草刈り機で作業しています。

ただし電動の草刈り機はエンジン式のものに比べ、パワーが弱い分、振動が少ないです。よく「エンジンでないと……」と、言われるのですが、僕たちくらいの土地なら電動で十分に事足りました。

そして、ＤＩＹや日曜大工に欠かせない電動工具といえば、**インパクトドライバー**です。ネジ締めや穴開けには欠かせない電動工具で、**これなしには家の改修はあり得ません！**

その他おすすめの電動工具は、**卓上丸ノコ**、**ディスクグラインダー**、**丸ノコ**、**ジグソー**などです。58ページに詳細を載せていますので、初心者の方は参考にしてみてください。この辺はＤＩＹの際の定番工具です。

ただ、持っていないという人は、慌てて買わず、**必要になったときに買う方がいい**と思います。どんな作業に使うか考えて買わないと、用途の合わないものを買ってしまう可能性があるからです。

うちの場合は作業前にどんな工具が必要かを一つひとつ調べて、その都度、主にネットで購入しています。

また、工具を買う場合、特別に高級なものや高機能のものは必要ないのですが、**安**

すぎるものは注意が必要です。

たとえば、僕は最初100均ショップで買った工作用の安いノコギリを使っていました。一応ノコギリだからいけるだろうと思っていましたが、住宅用の木材にはまったく歯が立たず、結局、買い直しました。

お金も無駄になっただけでなく、リフォームの作業も止まるしモチベーションもぐっと下がります……。

新しいノコギリは3000円程度のものですが、よく切れます。**やはり道具はケチらず、ある程度ちゃんとしたものを最初から揃えたいところです。**

必需品の電動工具たち

工具の性能で作業効率は180度変わる。
ほっちのDIYにおいて、登場頻度が高く、
あると便利なアイテムを紹介する。

01

インパクトドライバー（RYOBI製BID-1805）

ネジを締めたり、穴を開けたりできる充電式の電動ドライバー。DIYに欠かせない道具。結局2つ購入。ビットはマキタのツイスト・トーションビット スリムNO.2（90mm）。

02

卓上丸ノコ（日立製）

固定された丸ノコ。卓上タイプは精密なカットができるので、これがないと困ると思うくらい、よく使っている。いただきもの。

03

エアコンプレッサー（LUSEN製）

「ジョイ家」さんからのいただきもの。釘打ち、エアダスターなど用途は様々。

04

トリマー（RYOBI製）

刃を備えた先端工具を回転させて、木材を切削する電動工具。木材の切り取りや面取りに使う。いただきもの。

05

丸ノコ（HIKOKI製FC6MA3）

丸い刃を回転させて木材やボード、鉄板などをカットする工具。固定しやすく、まっすぐ切れるため、板材を切るときに大活躍。

06

草刈り機（RYOBI製）

充電式のコードレス草刈り機。エンジン式と比べてパワーは劣るけど、振動が小さいため手がしびれず長く使える。刈りたい範囲の広さで選ぼう。使用時、防振手袋は忘れずに！

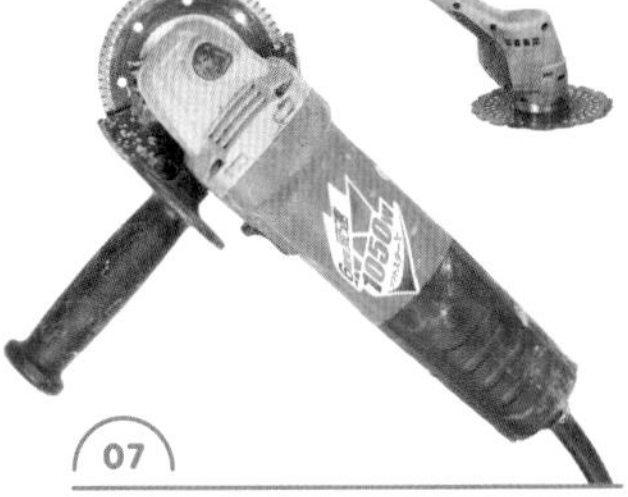

07

ディスクグラインダー（藤原産業製）

金属の切断の他、石材や木材の研磨、タイルカットに使用する電動工具。浴室の金属ボルトをカットするのは怖かった……。

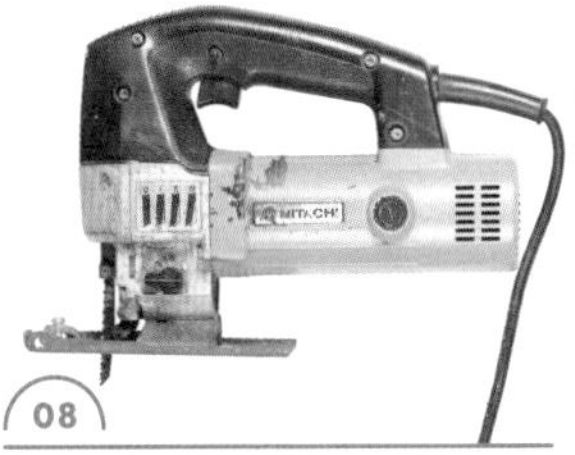

08

ジグソー（日立製）

モーターで刃を上下に動かして木材や金属を切断する工具。いわゆる電動ノコギリ。丸ノコは直線だけだが、ジグソーは曲線も切断できる。水道管の周囲を丸く切るにはこれ。

なくてはならぬ小道具たち

日常的に使う道具だからこそ、妥協せず選びたい。
使い勝手のいい、このアイテムがあれば
DIYが楽しくなること間違いなし！

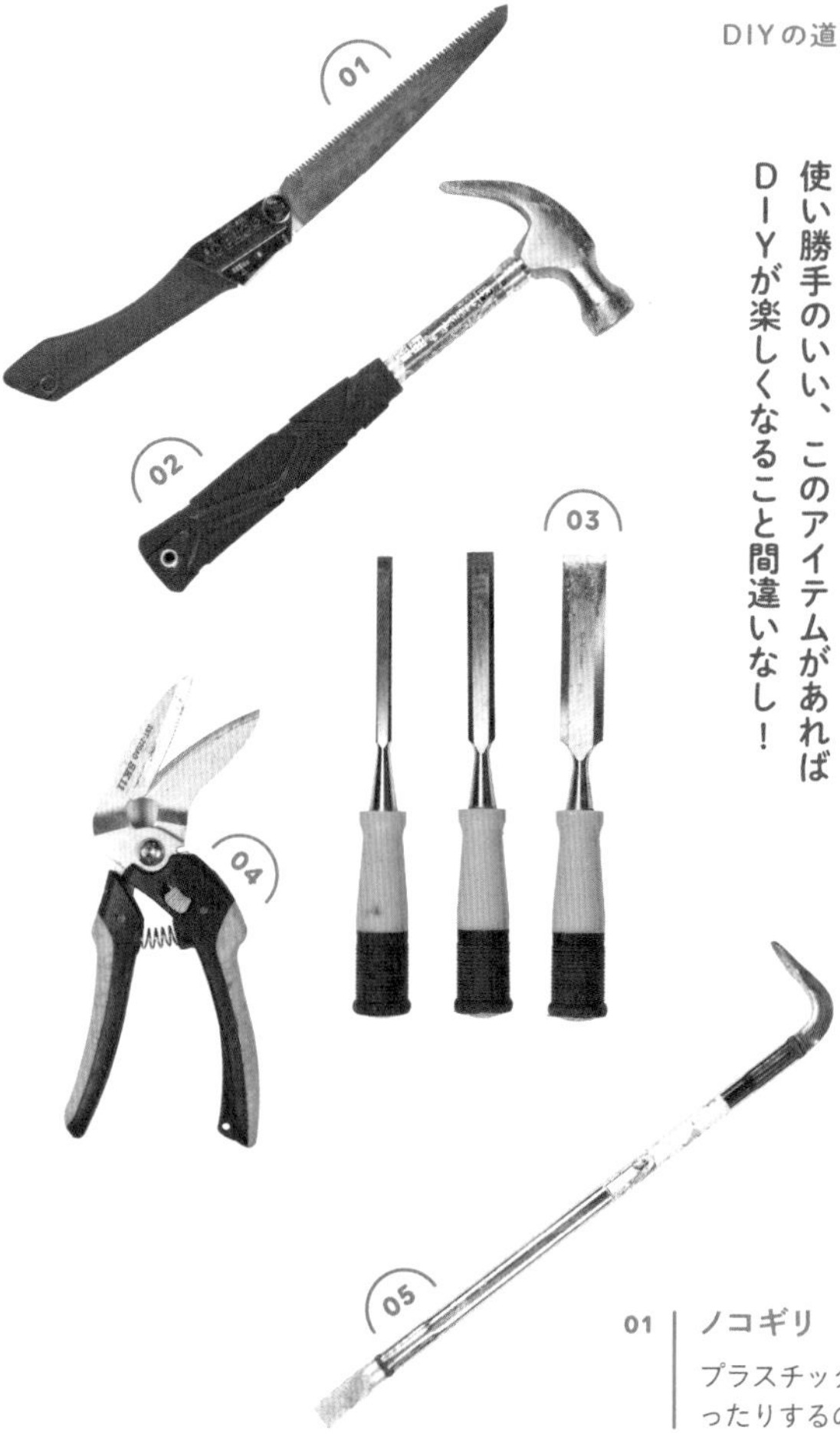

01 **ノコギリ**

プラスチックや木材などを切ったりするのに重宝する。

02 **ハンマー**

叩く、壊す、釘を打つなど毎日使うマストハブアイテム。

03 **のみ（木工用）**

硬い木材の溝掘り、仕上げ、穴の仕上げなどに使う。

04 **ストロング万能ハサミ**

アルミや電気コード、金属板など簡単に切断可能。

05 **バール**

てこの原理で釘を抜く工具。叩く、削るもできる。

06 **水平器**

水平・垂直・45°など床や棚といった様々な場所の角度を正確に測るのに使う。

07 **丸ノコガイド定規**

丸ノコに取り付けて使えば、まっすぐ正確に切れる。

08 **L字クランプ**

材料がずれないよう工作物同士を挟み、しっかり締め付けて固定する道具。

09 **4カット内装ビス**

インパクトドライバーのビス打ちに使うビス。

10 **レーザー距離計**

長すぎるものや高い場所など簡単に距離が測れる。

11 **ガンタッカー**

ハンディタイプの超強力ホチキス。高所でも簡単に張り付けられるので使用頻度は高い。

06

07

08

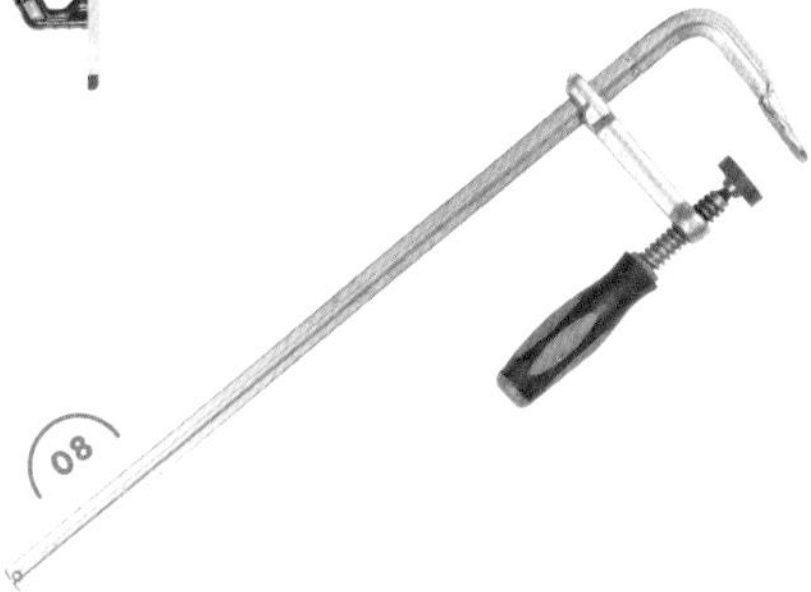

09

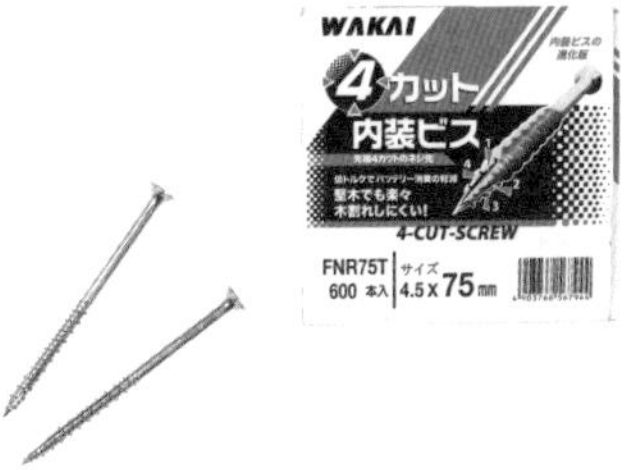

10

11

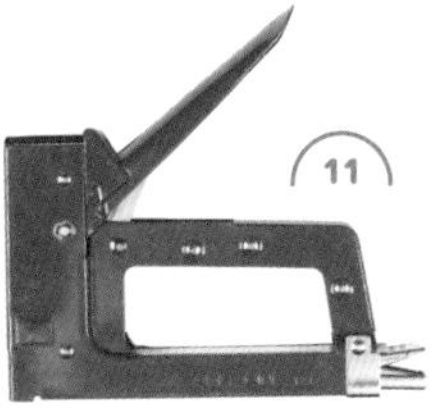

初心者に工具選びは難しい！

僕は、初心者からいきなり1軒まるごとDIYに挑戦したわけですが、**工具選びで難しかったのは、「やりたい作業にどの工具を使えばいいか」がわからないこと**でした。

たとえば床板に丸い穴を切り抜きたいとき、最初はインパクトドライバーにドリルを装着して小さな穴を開けて、大きなドリルにしていくことを考えていましたが、それだととんでもなく大きなドリルが要ります。

どうしようと困っていたとき、ふと思いました。

「ジグソーで穴に刃を入れて、ぐるぐる輪を描くように丸い穴を開けていけばいいんじゃないか……？」

すると、あっさりできました。

ジグソーとは、曲線も切り抜きもできる電動ノコギリ（59ページの08参照）。ジグソーの刃が入るくらいの穴を開けてしまえば、丸くりぬくのは簡単です。

今なら、丸く切ったり曲線を切ったりするにはジグソーが最適だとわかりますが、使用経験がないと想像もできません。

このように最初は判断が難しいですけど、経験を重ねるうちに使う工具も何となくわかるようになってきます。

ただ、ジグソーを使う頻度が高いかというと、そうとも言えないので、わざわざ買うかどうかは微妙なところです。

僕の場合は造園業者でYouTuberもされている知り合いの「ぴれちゃんねる」さんにジグソーを譲っていただいていたので良かったけれど、DIYが終わった後は不要になる工具も多いので、**使い終わった道具は他の人に貸してあげるようなシステムがあるといいなと考えています。**

お互いに貸したり、譲り合ったり、共用で使ったり、気軽に借りられるようなシステムがあるといいかもしれませんね。

だから、もしも工具を譲っていただける機会があったら、ぜひ譲っていただいて、

そのうち自分に合うものを買い足していくのがいいと思います。

いただきものと支援で賄ったもの一覧

移住先では、ありがたいことにたくさんの工具や資材をいただきました。

「ぴれちゃんねる」さんや、「ジョイ家」さんというYouTuber仲間からは、電動工具をたくさん譲っていただきました。

また、お隣さんには軽トラを共用で使っていいと言っていただき、ときどきお借りしています。大きなものを運ぶことも多いので、本当に助かっています。

さらに、村では寄附品を廃校に集めて希望者に譲ってくれています。ここで譲り受けたのは、碁盤（テーブル代わり）、オルガン、食器棚でした。

ご近所の方、手伝ってくれる友だち、応援してくれる皆さんなどに支えられ、本当に人の温かさを感じる毎日です。

いただきもの一覧

いただいたもの	用途など
ジグソー	電動ノコギリ。くりぬくのはお手のもの
トリマー	木材の切り取りや面取りに最適
卓上丸ノコ	木材を思い通りに即カットできる。 絶対あった方が良い!
草刈り機	草刈りには絶対必要! 1台は買って2台に
サンダー	木材を磨く電動工具
はつり機	コンクリートを砕く電動ハンマー
コンプレッサー	圧縮空気のパワーで釘打ちやボルトの 付け外しなどを行う電動工具
電子メジャー	レーザーで測るメジャー。 離れた地点から正確に測れる優れもの
断熱材	断熱や気密のため天井や壁、床に張る材料
胴縁	柱と柱との間に取り付ける木材
石膏ボード	室内壁に張る下地材
木材	壁や床などあらゆる箇所に使う

いただきものの棚。現在は食器を入れる棚として活用中

作業スタート！ の前にやるべきことは？

2021年9月。いよいよ古民家での生活が始まりました。家に入ってブレーカーを上げると、無事電気がつきました。手配していたので当然ですけど、大正時代の家だけに電気がついただけでホッとします。

でも、この日からすぐに改修作業をスタートできたわけではありません。水道屋さんやガス会社との工事の相談、ご近所さんへのご挨拶回り、部屋の現状のチェック、改修プランの練り直し、工具や資材の買い出し……。やらねばならないことが多くて、あっという間に時間が過ぎていきます。

特に最初の2ヶ月間は、兵庫にも家がある二拠点生活で週に半分しか滞在できなかったため、改修作業もあまり進みませんでした。

その間は、古民家の中でキャンプ生活を送っていました。玄関入って右側の和室にキャンプ用品を並べ、コットに寝袋を置いて寝る生活。1日がかりの改修作業で身体

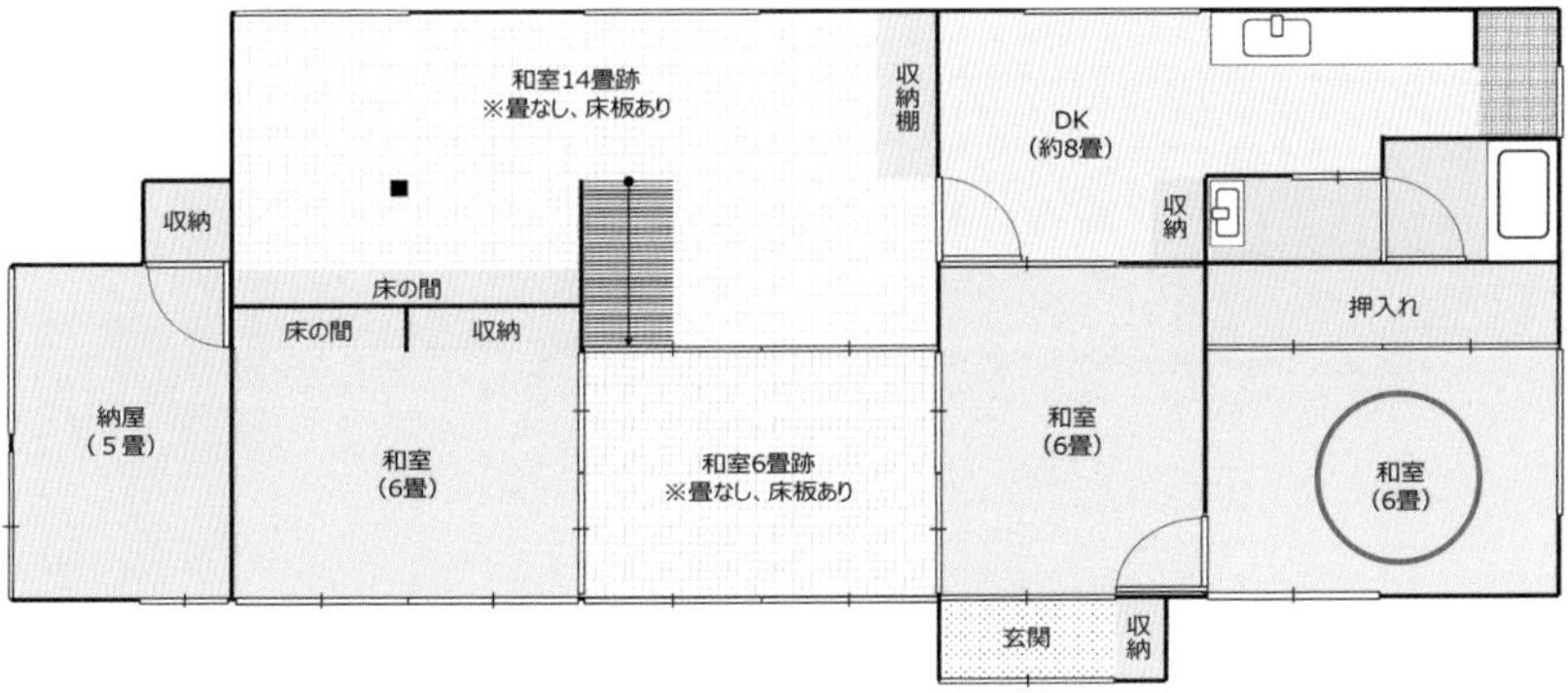

玄関入って右側の和室にキャンプ用品を並べて生活していた

はヘトヘトなのに、ネットカフェに泊まったような感じで疲れも取れません。

2ヶ月後には、完全に移住したため、兵庫から持ってきたベッドを置いて眠れるようになりました。

想定の5倍以上の時間と労力がかかると覚悟する

こうして改修作業に手をつけ始めたものの、最初のうちはＤＩＹについて何もわかっていないので、**何をやるにもいちいち時間がかかりました**。

ネットで調べてから作業にとりかかるも

のの、途中で形状的に無理だとわかって方法を変更したり、資材が足りないことがわかったり。

すると、また必要な資材を揃えなければいけないので、作業が止まってしまいます。

こんなふうに、やっては戻り、やっては戻りの繰り返しで、**作業する時間よりも、調べる時間や材料を揃える時間の方が長かったかもしれません。**

どんな工程で作業を進めていくかという予定は立てていましたが、想定通りに進まないことばかりで、予定はどんどんずれていきました。

本当は、最初の1ヶ月でリビングを作る予定だったのに、実際にリビングができたのは3ヶ月後。**3倍の時間がかかっています。**

また、2ヶ月後にはトイレと浴室ができる予定だったけれど、実際に浴室ができたのは12ヶ月後、トイレが完成したのは10ヶ月後でした。

綿密な予定を立てても、きっとその通りにはいきません。そのせいで焦ってしまうので、**予定を立てるよりも先に動き出す方がいいと思います。**

ただ、日程的なスケジュールには意味がなくても、**「ここは、こうしたい」という完成イメージは必要です**。

作業していると、当初のやり方ではどうしてもできないことも出てきます。でも頭の中に完成図があれば、「それをするためにどうすればいいか」と逆算して考えていくことができます。ネットで調べて、何とかやっている人を探し出せたこともありました。

だから、スケジュールはかなり遅れましたが、やろうと決めてできなかったことはほとんどありません。

Mission
05

敵は シロアリと ムカデと スズメバチ！

「田舎は虫天国」は本当か？

さて、地方暮らしでよく聞かれるのが虫のこと。びっくりしたのは巨大クモ。移住初日に10センチくらいのクモが出て以降、見つけ次第、すかさずスプレーで退治するのが日常茶飯事になりました。

でも、**もっと恐怖したのが巨大ムカデ**。5月頃からは家の中でも（！）たくさん遭遇します。一度、寝ているときにふと気配を感じて目をさましたら、目の前の天井に15センチくらいの巨大ムカデがいて「ギャーッ！」と飛び起きたことも……。人生最悪の目覚めでした。

でも、**KINCHOの「ムカデハンター」**という毒餌《どくえ》を買い、部屋の中や床下に何個か置いておいたら、出なくなりました。

他によく出るのは、虫ではありませんが、カエルやトカゲです。どちらもまたサイズが大きくて、うちの庭には大きなカエルとトカゲが1匹ずつ棲み着いています（カエルやトカゲは、虫を食べてくれるので大歓迎）。

ただ、ゴキブリは出ません。寒くて冬を越せないようです。ゴキブリが苦手な僕としては、本当に良かった……。

スズメバチ対策には自作のワナ

それから、気をつけなければいけないのがスズメバチです。

移住当時、屋根裏にスズメバチの巣の残骸があってゾッとしたものの、巣自体は撤去されていたので安心していたら、**気候が暖かくなってきた春先から、しょっちゅう飛んでくるようになりました**。

よく外で走り回っているうちの犬が刺されたら命に関わるので、**自分たちでスズメバチを撃退することにしました**。

スズメバチ撃退には、ペットボトルを使ったワナがいいそうです。飛んでくる女王バチをおびき寄せて捕獲し、近くに巣を作らせないようにします。

次ページの写真と図のように、ペットボトルの側面に2センチ角程度の四角い穴を4ヶ所ほど開けます。

中に誘引剤としてハチミツとお酢とお酒を入れておいて、それにつられた女王バチが中に入ったら出られない仕組みです。

誘引剤にはいろいろなレシピがあるけれど、お酒とお酢とハチミツ（砂糖でもOK）を混ぜたものが多いようです。僕はおおよその分量で作りました。

それを、木の上や茂みの中に2、3本吊るします。

しばらくして中を見てみると、数匹のスズメバチが。大きいものもいたので、たぶん女王バチでしょう。

お隣さんによれば、女王バチを1匹捕まえると、働きバチを500匹分、減らしたことになるとか……。自然の生態系に人間が手を加えるのはあまり良くありませんが、犬たちを守るためには仕方ありません。

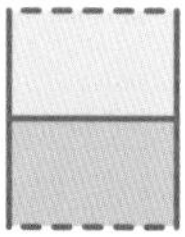
実線の部分をカッターで切り、上半分の切り込みを外に出して、下半分の切り込みを中に入れ込みます

ペットボトルの側面に2センチ角程度の四角い穴を4ヶ所ほど開ける

ワナを木々の中に吊るせば完了

なお、**ペットボトルのワナをしかけるのは5月まで**です。

その時期に巣を作るために飛んでいる女王バチを捕らえるためで、それ以降はむしろ働きバチを呼び寄せてしまい、**ワナをしかけるのは危険**だそう。僕がしかけたのは6月初めでしたが、寒い地域なので大丈夫だったようです。

ただ実はこの後、屋根裏の一部（ロフトではない部分）にスズメバチの巣を作られてしまいました。

このときは家の内部だったので、自分たちで対処せずに養蜂家の方に相談して、すぐに撤去してもらいました。やはり困ったときやお金に余裕があるなら専門家にお願いした方がいいかもしれません。

床下がボロボロ！ シロアリ退治の始まり

2021年9月に移住をスタートして、数日後。キッチンにする和室の畳とその下の板を剥がしてみると……、見たくないものが見えてしまいました。シロアリです。

床下の根太《ねだ》（水平方向に架け渡された、床材を支えるための木材）は、シロアリに食われてスカスカになっていて、手で引っ張るとポキッと折れてしまいました。

僕が木造の古民家を買うにあたって、一番恐れていたのがシロアリです。多少の覚悟はしていたものの、やはりガックリきてしまいます。

畳を閉じてご近所さんに相談し、YouTubeでもコメントを募りました。

それでわかったのは、シロアリ駆除には、**薬剤を噴射して駆除する方法と、毒餌を撒いて食べさせて巣ごと壊滅させる方法がある**そうです。

和室の畳を上げると、そこには恐れていたものが……

薬剤を噴射して駆除する方が即効性は高く、即効性を求めるシロアリ駆除業者はこの方法を選ぶことが多いようです。

一方、毒餌の方は効果が出るまで数ヶ月かかり、うまくいかない可能性もあるそうですが、ペットには安心とのこと。**我が家は、毒餌を選びました**。

また、いただいたコメントには「業者に頼んだ方がいい」というものがたくさんありましたけど、**業者に頼むと20万円くらいはかかります**。

20万円もかかるなら、とりあえず自分たちでやってみることに。

仮にシロアリ駆除に失敗して根太が崩れても、和室の床が抜けるだけだし、この後は床下もリフォームしていく予定です。その前に、まずは自分たちで毒餌を試してみることにしました。

毒餌＋消石灰＋籾殻くん炭が安上がりで効果てき面

まず、毒餌をいくつか家の周囲の土の中に浅く埋めます。

次は問題の和室です。シロアリに食われていた床下の木材をすべて撤去してから、毒餌をいくつか床下に置いて、土を被せます。

そこにお隣さんから聞いた方法を試してみます。**まず、消石灰を撒きます**。シロアリは多湿を好むので、強アルカリ性で**防湿効果のある消石灰がいいそうです**。**その上に籾殻《もみがら》くん炭《たん》という炭を撒いて、床下の湿気をとります**。籾殻は精米の際にとれる米の皮のことですが、この籾殻を炭化させたものが籾殻くん炭で、除湿や調湿、消臭、断熱の効果があります。後、磁場を整える効果もあるのだとか……。

床下の木材をすべて撤去したら、消石灰の上に籾殻くん炭を撒いて湿気とり

自然由来なので環境にもいいし、1袋700円で、お財布にも優しい。最高です！

その後、他の部屋の畳も上げて見てみましたが、シロアリがいたのはこの和室だけでした。ここは昭和期に建築された部分で、床下の通気性が悪く、湿気が溜まっていてカビだらけでした。

一方、大正時代の建物の方は床下の通気性が良いため木材の状態が良く、シロアリもいませんでした。やはり通気性が大事ということですね。

さて、毒餌を撒いてからしばらくして畳

を上げてみると、前はウジャウジャいたシロアリの数はかなり減っていました。その後、またしばらくしてから開けてみると、もう1匹もいません！

翌年、暖かくなってからも出ていないので、毒餌が効いてくれたようです。

手間もそれほどかからなかったので、業者に頼む前に自分でトライするのもアリです。

シロアリ退治の手順のおさらい

1 家の周囲に毒餌を置き、土の中に埋める

2 毒餌をいくつか床下に置いて土を被せる

3 消石灰を撒き、その上に籾殻くん炭も撒いて床下の湿気をとる

4 通気性に気を配りつつ放置

シロアリに食われていた床下に毒餌を置きつつ、家の周囲にも土の中にいくつか埋めておく

虫が苦手でも憧れの田舎ライフは可能！

こういう話をすると、「田舎暮らしはしたいけど、やっぱり虫が苦手な人には無理ですか？」という質問をいただくことがあります。

もちろん、その人がどれだけ虫が苦手かによるけれど、**基本的にキャンプができるなら大丈夫**だと思います。僕も虫は苦手でしたし。

ムカデとスズメバチは要注意ですけど、

どちらもきちんと対策をしているうちに出現頻度も下がっていきました。シロアリも、今のところ業者を呼ばずに済んでいます。

そういえば、YouTubeの視聴者からは「シロアリについて、家の購入前に説明はあったの？」という質問もたくさんいただきました。

実は、購入前に「**家の詳細な状態について村は把握していない**」という説明があり、それを承知の上での購入だったので、村と揉めることはありませんでした。

シロアリとの格闘も振り返ってみれば、トラブルもまた楽し、です。

田舎暮らしやDIY生活は想定外のことばかりですが、経験していくうちにだんだん慣れていきますし、自分たちでできることも少しずつ増えていきます。

徐々に、こんなトラブルも楽しめるようになっていきました。

Column
02

家庭菜園で初めての収穫

買った古民家には大きな庭と裏庭、以前の住民が使っていた茶畑もあります。

せっかくなので、畑で野菜を育ててみることに。ホームセンターで鍬《くわ》や運搬用一輪車などの農具一式を買って、ご近所さんにジャガイモの作り方を教わります。イノシシに掘られてボコボコになっている畑の土を掘り起こして、ウネを作る作業は想像以上に体力を使ったけれど、家の改修とは違った楽しさ。

その後、牛フンと腐葉土、種芋を入れて土を被せます。後は放置するだけ。**週末だけお世話すれば、意外とほったらかしでも大丈夫です。**

畑については、ご近所さんが丁寧に教えてくれて、種芋もくださいました。

ジャガイモの初収穫の日は、嬉しくて泣いてしまったり……。秋には落花生とサツマイモ、里芋が採れて、秋の味覚を楽しみました。

3章

浴室・トイレ・キッチンをモダンに整える

失敗しない『水回り』のリフォーム

Mission 06

水道とガスの開通とスケジュール確認について

開通させるには数ヶ月かかることも

この章では、生活する上でもっとも大事な水道やガス、電気などのインフラ、水回りのDIYについてお伝えします。

この家には水道とガスと電気が通っていなかったので、まずは手続きからです。電気は手続き後すぐに使えるようになりましたが、**水道とガスは業者による工事が必要**でした。

飲み水やお風呂の水など蛇口から出る上水道に関しては、水道管の工事。
排水を流す下水道に関しては、浄化槽の設置。
ガスに関しては、ガス管の設置工事が必要でした。

まず、水道屋さんに浄化槽を設置してもらいます。以前この家では浄化槽を付けていなかったので、生活雑排水はそのまま川に流していたそうです。昔は地方ではよくあったようだけど、**今の法律ではNG**です。

その後、水道管とガス管の工事も始まりましたが、**工事の際に気をつけたいのはスケジュール**です。

こうした工事にはそれぞれ数ヶ月かかることがあるので、移住を考えている方は工事日程を事前に確認しておくといいでしょう。

我が家の場合、水道屋さんの予約が詰まっていて、**水道管の工事が始まったのが移住2ヶ月後の2021年11月でした。そして、水道管とガス管の工事が終わったのが2022年3月**。

新築した建物や、しばらく使っていない建物の場合はこうした時間がかかることもあるので、注意が必要です。

そして、それぞれにかかった工事費用についてです。

上水道の工事は合計120万円でした。下水道の浄化槽の設置については、前に触れたように**村から100万円の補助が出ました**。ただ、我が家の場合は浴室やトイレの場所を変えたため、**工賃が20万円ほど余計にかかっています**。

ガス管の引き込み工事は、「ガスを契約してくれるなら」ということで、ガス会社が無料でやってくれました。

なお、ネットではガス管の引き込み工事は10～15万円かかるなどの情報も出ていますが、僕がいくつかのガス会社に見積もりを取ったところ、**どの会社も契約するなら工事は無料にしてくれる**ということでした。

地域や会社による違いもあると思いますので、いくつかの会社に見積もりを取ってみることをおすすめします。

ガスファンヒーターのための管を通したり、給湯器を付けたりするのも、ガス会社がやってくれました。

仮トイレ。しばらくは仕切りもドアもなく、部屋の片隅に設置しただけだったので、けっこうシュールな光景……

和室に「仮トイレ」を作る

この家では最初の数ヶ月間は水道やガスが未開通だったため、**トイレもお風呂も使えませんでした**。

実は家の外に汲み取り式トイレはあったものの、汚くて使う気になれず……。トイレは車で5分の公園へ、お風呂は車で20分の銭湯に通う日々。**車がなければ成り立たない生活でした**。

浄化槽が設置されて、ようやく生活排水が流せるようになった11月、コロナの影響で遅れに遅れていたトイレも届いたので、水道屋さんにお願いして、それまで過ごしていた一番右の和室に仮のトイレを設置してもらいました。

畳を剝がして床板の上にトイレを置き、下水管をつないでもらって。これでやっと、家の中でトイレが使えるようになりました……。

ただ、数ヶ月は部屋の片隅にポツンと置いてある中で用を足していたので、かなりオープンな状態が続きました。

なお、トイレのドアや仕切りなどもろもろ完成したのは翌年8月です……。

水道屋さんが浄化槽（5人槽）を掘っている様子。工事は1ヶ月以上続くので、なかなか大がかりです。

Mission
07

浴室を移動し お風呂回りを 整える！

水回りのリフォームでは防水と湿気に要注意

さて、浴室やトイレなど水回りの改修工事について、どんなことをしたかを大まかにお伝えしていきたいと思います。

水回りを集中させたのは玄関の右側です。2つの和室を解体して、奥にトイレと浴室と洗面脱衣室、玄関側にキッチンを作ります。

一番手がかかったのは、浴室の移動でした。この家のもともとの浴室は、奥の狭い場所にあったため、湿気が多くてジメジメしていました。構造的にそれ以上は広げられないので、どうせリフォームするのであれば、大きな窓がある隣の和室に移動しようと考えました。

水回りのリフォームで大切なことは、やはり防水と湿気対策です。

特に床下は、水を流すのでしっかり整備しておく必要があります。

まず、**右の和室の押入れを壊します**。ここは洗面脱衣室になる場所です。

押入れの中段の板をノコギリで切断し、釘留めされている周囲の板枠にバールを差し込んで、メリメリと外していきます。

その後、右の和室の床下をすべて解体しました。

畳の下にあった床板も剝がし、その下の大引（床を支える大事な梁部材《りょうぶざい》）以外の木材は、すべてノコギリなどで取り外していきます。

下に地面が見えている状態にして、その上に消石灰と籾殻くん炭を撒きます。この2つはシロアリ対策でも使ったセットですが、**特に籾殻くん炭には除湿効果があるので、床下には欠かせません。**

リフォーム前の浴室は、窓もなく湿気のせいでジメジメしていた。なつかしさを感じるタイルとコンパクトなバスタブは思い切って撤去

これを撒くと一気に空気が変わって、ジメジメ感がなくなる気がします。

構造がまったく違う大正時代と昭和初期の建物

そもそも、この和室を含む家の右側の床下は異常に湿気が溜まっていて、カビで真っ黒になっていました。

なぜ湿気が溜まるのかというと、原因は建物の構造にあるそうです。

この古民家の左半分は大正時代、右半分は昭和初期に増築されたという話は前にしましたが、実は大正時代と昭和初期では工法がまったく違います。

大正時代の建物はコンクリートの基礎がなく、柱は扁平な石（束石《つかいし》）の上に載っているだけです。

一方、昭和初期の建物では床下全体にコンクリートの基礎を敷き、金属パーツとボルトで木材を留めています。

それは「耐震」のためでしたが、大正時代の建物が地震に弱いかといえばそんなことはなく、地面と家を固定しないことで地震の力を逃がす「免震」の考えが取り入れられていたそうです。

むしろ昭和初期の方が地震に弱く、阪神・淡路大震災で倒壊した建物の多くが昭和初期のものだったと言われています。

また、昭和初期の建物は、床下がコンクリートで固められているために通気性が悪くなり、湿気が溜まってしまいます。**その結果、カビで真っ黒になり、シロアリが発生してしまったようです。**

木造建築の床下構造

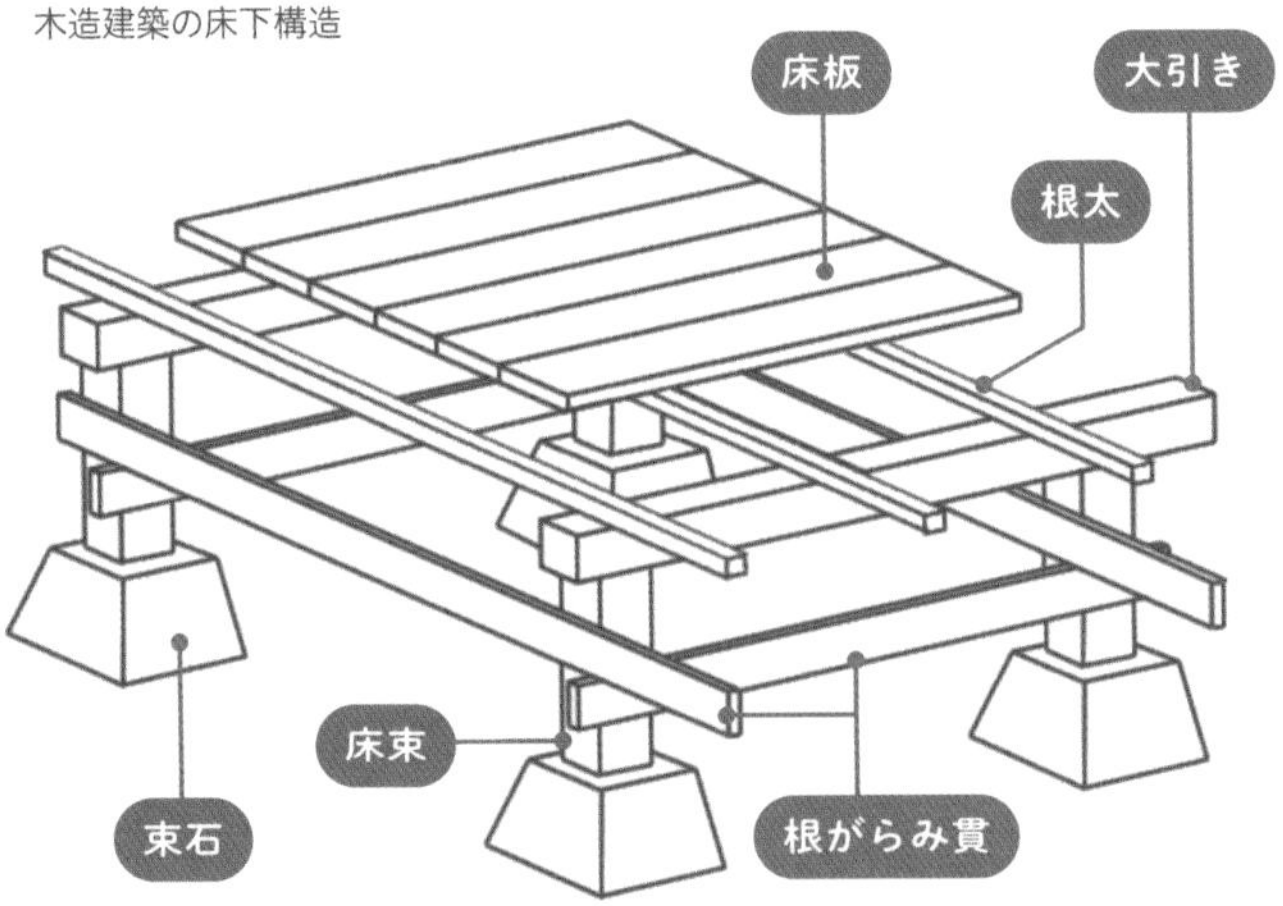

大正時代を感じさせる梁や柱。リフォーム前

大正時代の建物は、梁や柱も太くて頑丈です。ただ通気性が良く、床下だけでなく、家全体に隙間がたくさんあって隙間風がびゅうびゅう入ってくるので、冬は寒いです。

その反対に、昭和初期の建物は通気性が悪い分、気密性が高くて家の中は暖かい。一長一短ですよね。

時代によって建築基準法や工法も違い、メリットやデメリットもあるので、古い建物に住む方はその時代の特徴を知っておくといいと思います。

浴室の床下を整備する

浴室と洗面脱衣室のリフォームに話を戻します。床下を解体した後は、浴室の回りに壁の土台になる部分を作ります。

用意するのは、モルタルとコンクリートブロックです。

まず、砂利と砂とセメントをスコップで混ぜてモルタルを作り、壁になる部分の床に塗ります。その上に、コンクリートブロックを水平になるように置いていきます（写真❶）。

このセットを2段重ねます。このコンクリートブロックの上に壁を作るので、金属ボルトを挿しておきます（写真❷）。

次は浴室の床下です。**ここにはコンクリートを流し込みますが、その下には砕石を敷き詰めます**。砕石というのはコンクリートなどを砕いた石で、砂と土が混ざっている感じです。

手押し一輪車を使って4トンの砕石を何度も部屋の中に運び入れるのは大変な作業ですが、何とかこなして地面をならします（写真❸）。

床下の壁（側面）は、側面の木材が腐らないよう側面の長さにカットしたガルバリウム鋼板で覆っていきます（次ページ写真❹）。**ガルバリウム鋼板は合金でメッキされた鉄材で、防水に優れています**。浴室として使うので、これで覆って周囲の木材が腐らないようにします。

浴室の壁の土台。モルタルとコンクリートブロックのセットを2段重ねる（❶）

2段目に金属ボルトを挿しておき、この上に壁を作っていく（❷）

浴室の床下。砕石を敷き詰めて、地面をならす（❸）

コンクリートをいちから作ったら修行だった

その後、浴室の床下の砕石の上にコンクリートを流し込んでいきます。

そこに登場したのが、**なんとコンクリートミキサー!** 砂利、砂、セメントを混ぜて練り、コンクリートを作る機械です（写真❺）。

普通はコンクリートを買ってきて流す人が多いそうだけど、実は近隣のホームセンターに行ったとき、ある視聴者が「今度コンクリートを打つときは、良かったら、これを使ってみませんか?」と声をかけてくださいました。

何ともありがたいお言葉! **せっかくなので、お借りして自分たちでコンクリートを作ってみることにしました。**

ぐるぐる回し続けながら、コンクリートを混ぜていきます。「ぴれちゃんねる」さんには「**自分でコンクリートを作るなんて狂気の沙汰や……**」と言われました。確かに、若干「修行感」を感じる作業でしたけど、とてもきれいなコンクリートができました。
コンクリートを流し込んだ後は、コテで表面をきれいにならしていきます。この際、真ん中の排水管に水が流れていくように少し勾配を付けます。
これを一晩以上放置して固め、乾いたら浴室の床の完成です（写真❻）。

砕石を詰めるまでに1日、コンクリートを流し込むまでに1日かかりました。

コンクリートが乾いたら、待望のバスタブとシャワーを設置。

浴室の床下側面をガルバリウム鋼板で覆い、ビスで留める（❹）

コンクリートミキサー登場！（❺）

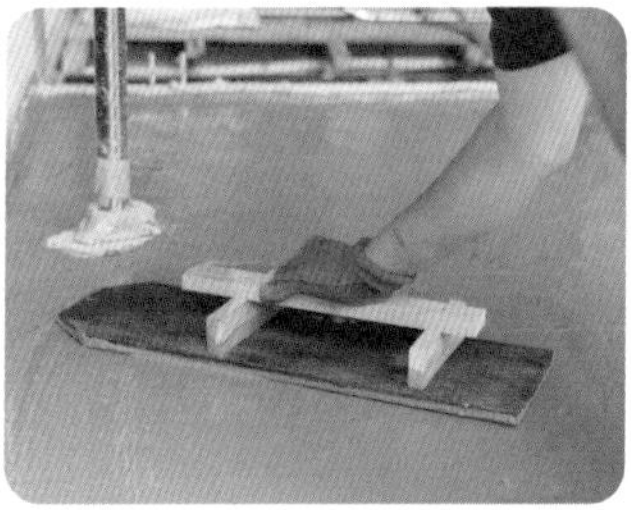
コンクリートをコテでならす。乾いたら、浴室の床が完成！（❻）

バスタブはアリエクスプレスで買った置き型タイプのもので、約5万円でした。シャワーはAmazonで購入して、約3万5000円。

まだ浴室の壁もドアもついていなかったけれど、とりあえずシャワーでバスタブにお湯を入れてみます。**念願のお風呂は想像以上の気持ち良さ！** これで毎日家で入浴できるように（このときには水道工事もガス工事も終わっていました）。

浴室の床下づくり手順のおさらい

1 床下に4トンの砕石を敷き、床下側面を防水のため鉄材で覆う
2 床下にコンクリートを流し込み、コテで表面をきれいにならす（真ん中の排水管に水が流れていくように少し勾配を付ける）
3 一晩以上放置して固め、コンクリートが完全に乾いたら完成

新しく洗面脱衣室を作る

隣の洗面脱衣室も作っていきます。

ここで苦労したのは、キッチンと洗面脱衣室の間にドアを付けるために壁をぶち抜いたこと。**バールやカナヅチでガンガン壁を叩いても、なかなか壊れません**（次ページ写真❼）。「これでもか」と叩きまくり、ノコギリで中の木材をカットして、ようやく壁が壊れました。

余っていたドアのサイズに合わせて、壁の上下に木枠を取り付けます。

蝶番、ラッチ受け金具を取り付けて、ドアの完成です（写真❽）。

洗面脱衣室の床下にも、他の部屋と同じように消石灰と籾殻くん炭を撒いていきます。

そこへ床板を支えるための根太として、村の製材所や製材組合でいただいてきたツーバイフォー材を打ち付けていきます（写真❾）。

この根太の上に、卓上丸ノコでサイズをカットした床板を載せて、ビスで留めます。

その上に透湿防水シートというシートを張ります。**透湿防水シートは、「水は通さないけれど、湿気は通す」というユニークな性質を持っています**。シートを敷いてタッカー（ホチキスのような工具）で留めたら、シートとシートの間に気密テープを貼ります。その上に根太をビスで打ち付けていきます（写真⑩）。

透湿防水シートと根太の次は、除湿効果のある籾殻くん炭を撒きます。

その上に合板を敷いて、ビスで打ち付けます（写真⑪）。村の製材組合で買ったヒノキも余っていたので、半分はヒノキの床です（写真⑫）。

この上に、木目調のクッションフロアを張りました。クッションフロアを張るのに両面テープを使いましたが、両面テープは剥がれてしまうと言う方もいます。でも幸い、先に敷いたリビングは1年経っても剥がれる気配はありません。

これで、洗面脱衣室の床が完成です！

透湿防水シートの上に根太を打つ(⑩)

なかなか壊れない壁。中の木材はノコギリでカット(⑦)

籾殻くん炭を撒いて合板を敷く(⑪)

キッチンと洗面脱衣室の間にドアを取り付けていく(⑧)

床の半分は合板、半分はヒノキ材(⑫)

洗面脱衣室床下。根太を打ち付ける(⑨)

木枠でトイレと浴室の間の壁を作る

次は、トイレと浴室の間の壁作りです。壁を作る際は、上下左右の四隅に木枠を作ってから、そこに石膏ボードを張っていきます。

まずは下の木枠を付けますが、このとき使うのが、**事前に土台に挿しておいた金属ボルト**です。ツーバイフォー材に金属ボルトの間隔に合わせた穴を開けて、その穴に金属ボルトをはめ込んでいきます。

その木枠に、今度は左右の木枠を付けます。壁の端と端にツーバイフォー材の柱を立てて固定します。上の木枠は、天井に木材を横向きに固定。これで四角い木枠ができました。

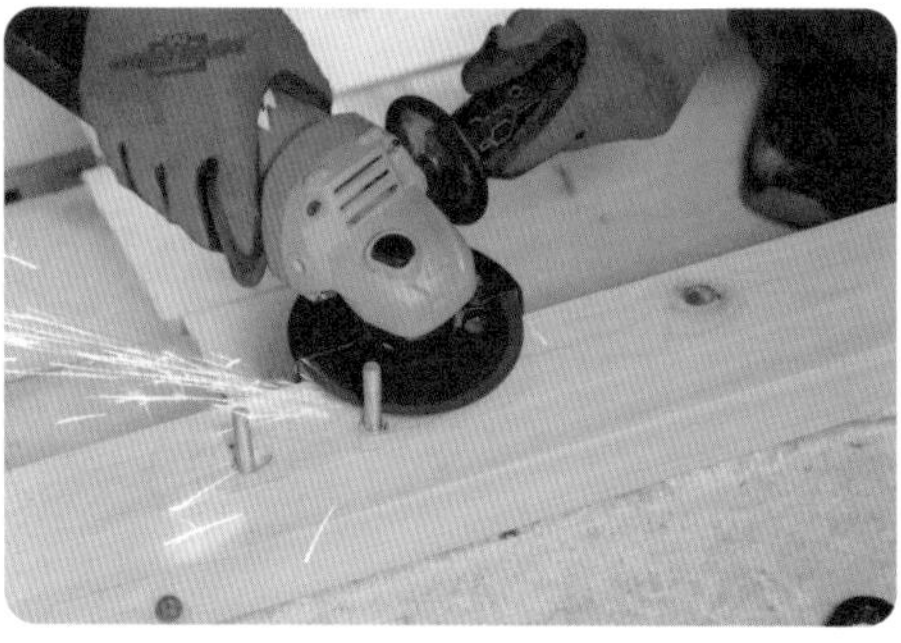

火花が散る中、金属ボルトをディスクグラインダーで慎重にカットする

ここで一つ問題が出てきました。金属ボルトが長すぎてドアにひっかかる箇所があ

壁を支えるための柱を立てる。この向こう側がトイレ（⑭）

浴室の入り口にドアを付けるための枠を固定し、もともとあったドアを取り付ける。（⑬）

るので、飛び出た金属ボルトをカットしなければいけません。**金属ボルトをカットするために使うのは、ディスクグラインダーです**。

ディスクグラインダーはもっとも危険と言われる電動工具。金属をカットするのも初めてなので緊張しましたが、何とかできました。

中央に壁を支えるための縦と横の支柱を付けたら、両側に石膏ボードを張ってビスで留めていきます。

同じように、浴室と洗面脱衣室の間の壁も作っていきます。

浴室のドアは、前の浴室に使われていたものを再利用します。ドアを付けるための枠も前の浴室から外し、新しい浴室の入り口に固定し、ドアも取り付けました（写真⑬⑭）。

Mission 08

浴室の床と壁を完成させる！

浴室の床と壁にタイルを貼る

ここまでの作業でとりあえず浴室と洗面脱衣室ができて、お風呂にも入れるようになりました。

これで終わりではなくて、浴室の床と壁にタイルを貼って完成させます。実際にその作業をしたのは家のキッチンや暖炉などの後でしたが、この本ではわかりやすくするため、ここにまとめておきます。

浴室の壁にタイルを貼る前に、防水・防火に優れたラスカット（モルタル下地材）を貼りますが、その下に支えとなる胴縁《どうぶち》（下地部材）を張っていきます（次ページ写真❶）。

まず壁のサイズにカットしたツーバイフォー材をインパクトドライバーで胴縁として打ち付けます。**難しいのは、きちんと水平をとってから打ち付けないと長さが揃わ**

ず、壁が歪んでしまうこと。何とか苦労しつつも胴縁張りができたら、その上に卓上丸ノコでカットしたラスカットを貼ります。

次は、浴室の床と壁にタイルを貼っていく作業です。

タイルを貼る前に、練ったモルタルを塗ります。まずは床から。このときも水が流れていくように床に勾配を付けるのがポイントです。

この日は造園会社の社長さん、「ぴれちゃんねる」さんが手伝ってくださいましたが、**そもそも和室を浴室にするのは、他のリフォームに比べても格段に難しいのだとか**。特別な知識や経験が必要でしたから、「ぴれちゃんねる」さんや水道屋さんの助けがなければ絶対できませんでした。本当に感謝です。

その後、モルタルの上に白いタイルを置いていきますが、排水口の部分は排水口の丸い形状に合わせてカットします。排水口の形状をタイルに書いて（写真❷）、ディスクグラインダーで丸くカット。4枚をうまく敷きます（写真❸❹）。

次にタイルを敷いていきます。コテで接着剤をタイルと床のモルタルの両方に塗り、タイルを床に置いたら上から叩いて固定させます。

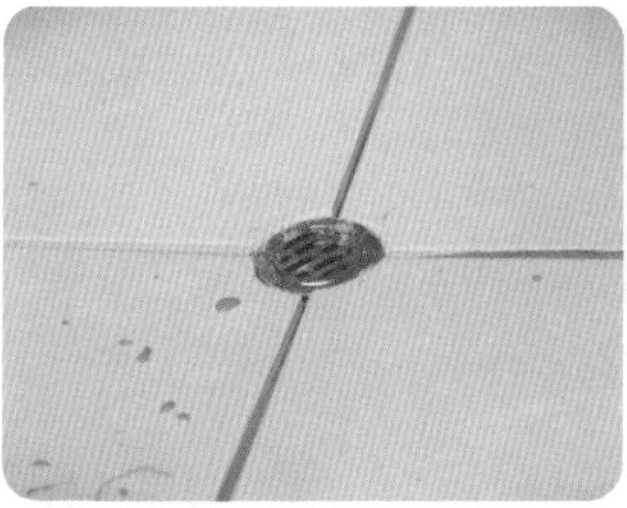

排水口が合うように4枚のタイルを合わせる(❹)

浴室の壁作り。まず胴縁を張り、この上にラスカットを貼る(❶)

壁は接着剤を厚く塗るのがコツ(❺)

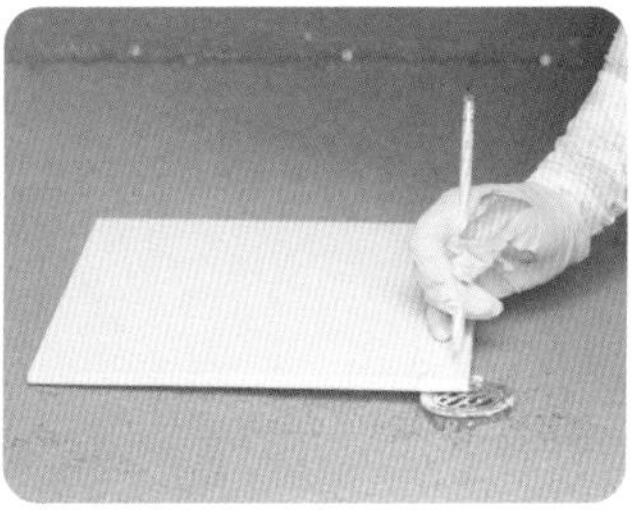

床のタイルに排水口の形状を描く(❷)

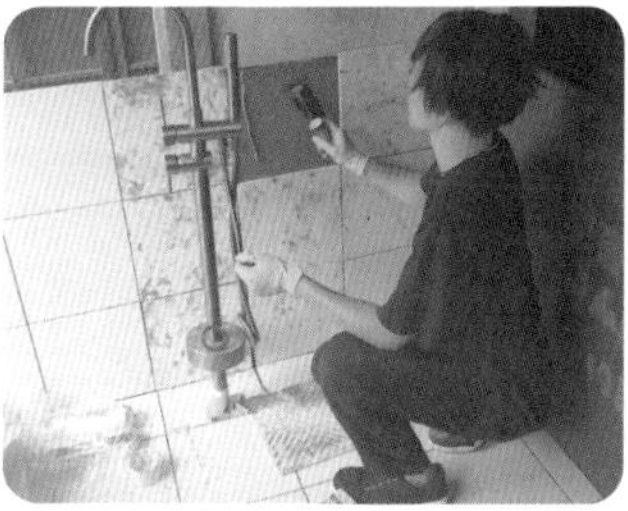

床と壁の下半分にタイルを貼る(❻)

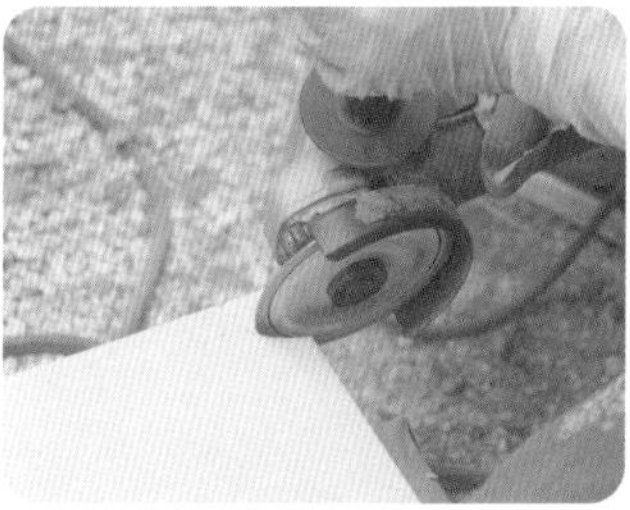

タイルを排水口の形状に切る(❸)

タイルの継ぎ目の隙間を埋める目地《めじ》を塗ったら、床の完成です。
今度は、壁の下半分にタイルを貼ります（上半分はヒノキ材にします）。
壁の場合、接着剤を凹凸のないように塗らないとタイルが水平にならず壁に付きません。特に蛇口の後ろは作業しづらく、貼った後に落ちてしまいました。試しに接着剤を厚めに塗ってみると、付きました！　壁のタイルの接着剤は高さを出すイメージで、かなり厚めに塗ると、うまくいきます（前ページ写真❺❻）。

はみ出た接着剤は、シンナーを浸した布で拭うと取れます。何とか床と壁にタイルを貼り終えましたけど、この作業は本当に疲れました……。

この後、すべてのタイルの隙間に目地を塗って、タイル貼りの作業は終了です。外に出しておいたバスタブを浴室に戻すと、ちゃんと水も出て、排水口から流れていきました。

壁の上半分には、ヒノキ材を張ります。村の製材組合から買ったヒノキ材を壁のサイズにカットし、オイルステインと防水塗料（ラッカー）を塗って防水加工しました。
このヒノキ材を、透湿防水シートを張った壁に打ち付けていきますが、**ここで活**

躍したのがエアネイルガンです（写真❶）。ピストルのように釘を打ち付ける道具で、一瞬でヒノキ材を固定できました。

四面の壁に木材を張り終えたら、壁が完成です（写真❷）。

壁に鏡を取り付けて、シャンプーなどを入れるラックを取り付ければ、浴室の完成です！（写真❸）鏡とラックを付けたら、急に浴室感が増しました。

自分でもやればできると驚きましたけど、水を使う部屋は失敗すると腐るので、**やはり浴室はプロに頼んだ方が良かったかな……とも思っています**。

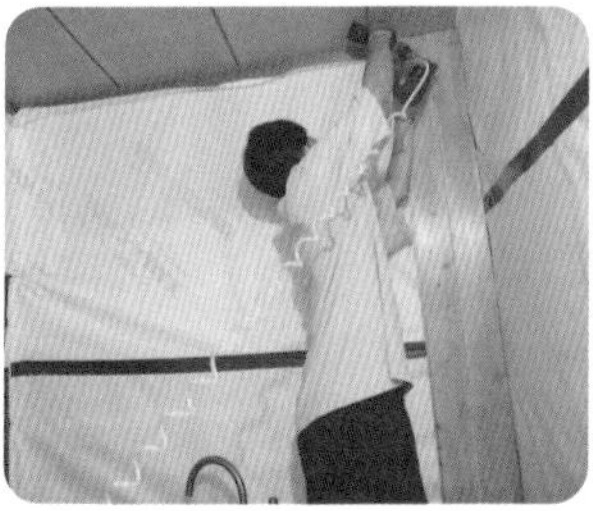

壁の上半分にはヒノキ材を使う。エアネイルガンで打ち付ける（❶）

ヒノキ材を張り終えて壁の完成（❷）

浴室の完成！（❸）

洗面脱衣室の壁を作る

次は、洗面脱衣室の壁を完成させます。以前、押入れだった部分は土壁がむき出しの状態なので、胴縁を付けて上から石膏ボードを張っていきます。

次は、この石膏ボードにパテを塗ります。

パテを塗るのは、ビスを打った穴やボードとボードの隙間を埋めて、表面を平滑《へいかつ》にするためです。コテを使って全面の壁にパテを塗り、一晩乾かしたら、珪藻土《けいそうど》という壁材を塗るための下地を塗ります。

この下地は別に塗らなくていいという声もありましたけど、素人としては心配なので、とりあえずやっておきます。ちなみに、**下地を塗っておくとアク（シミ）が浮き出てこない**という情報もありました。

次は、いよいよ仕上げの珪藻土塗りです。珪藻土は調湿効果があるので、洗面脱衣室にぴったりです。紺色っぽいシックな色合いにしました。

これで壁塗りが完成です。

この部屋の隅には木材で作った洗面台を設置して、その上にAmazonで買った洗面ボウルを設置します。蛇口は最終的には水道屋さんに付けてもらいますが、できるところまでは自分でやります。上水道用の穴に水道管を通して、排水口に排水管をつないで蛇口につなぎました。

鏡と棚を付けたら、洗面脱衣室の完成です！

石膏ボードにコテでパテを塗る

仕上げに珪藻土を塗る

鏡と棚を付けて洗面脱衣室の完成！

トイレをオシャレにする

Mission

09

ついに
トイレが
モダンな
空間に

トイレにノブを付ける作業で心が折れかける

これまで、我が家のトイレは和室の隅に便器だけがある状態で、広い和室の一角で用を足すのは、何とも落ち着かない気分でした。

浴室とトイレの間に壁ができたことでようやく目隠しができたけれど、今度はそのトイレにドアを付けていきます。**家の中で余っていたふすまを、ドアとして再利用することにしました**。

でも、これが予想外の大変な作業に……。

難航したのは、ふすまにノブを取り付ける作業です。ふすまの中の木がスカスカなため、ビスでノブを固定しようとしても固定できず……。

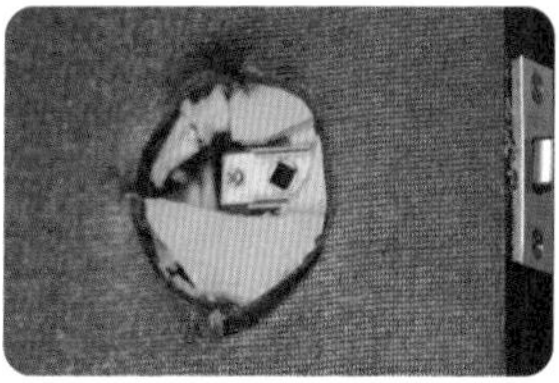

ふすまの中がスカスカでノブを固定できず……。小さな木片を入れてみるも、うまくはまらない(❶)

ふすまの上に木片を張り付け、そこにノブを固定する(❷)

ノブの丸い形に沿って中に小さな木片を埋めていく作戦を思い付いたものの、細かい作業で失敗を繰り返して何度も心が折れかけます（前ページ写真❶）。最終的には、四角い木材をドア部分に張り付けて、その上からノブを固定し、何とかはめることができました（写真❷）。

それにしても、ノブを付けるのがこんなに大変な作業になるなんて……。夕方までに終わらせるつもりが、23時前までかかってしまいました。

壁に珪藻土を塗ってトイレが完成

次は床です。これまでトイレは畳を剥がした床板の上に便器を仮置きして使っていましたが、床と壁の作業をするため便器をいったん外し、透湿防水シートを張ります（写真❸）その上に床のサイズに合わせてカットした胴縁（下地部材）を固定し、おなじみの籾殻くん炭を撒きます。やはりこれを撒くと空気が変わります。そこに製材組合で買ったヒノキの板材を並べてビスで固定します（写真❹）。

排水管のある場所は、排水管の形状に合わせて板材を丸くカット。こうした作業にはジグソーが向いています。

床には黒いペンキを塗り、壁の石膏ボードには珪藻土を塗りました（写真❺❻）。

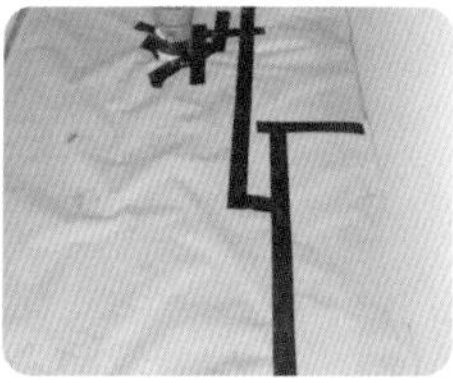

床の透湿防水シート。境目は気密テープで留める（❸）

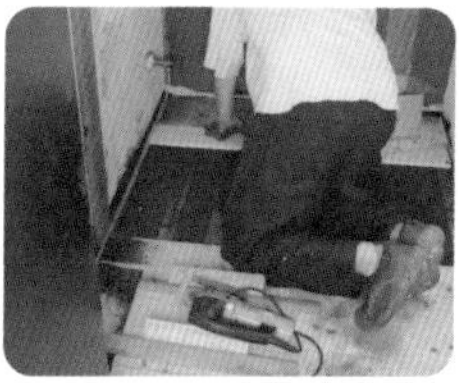

透湿防水シートを敷き、胴縁を張り籾殻くん炭を撒いたら床板を張る（❹）

調湿性に優れた珪藻土（❺）

壁に珪藻土を塗る（❻）

ペーパーホルダー、ヒノキ材で作った台、照明を付けて、トイレが完成！

キッチン回りの改修

Mission

10

キッチンの移動とカウンターテーブル作り

ガス管や水道管に注意して床を作る

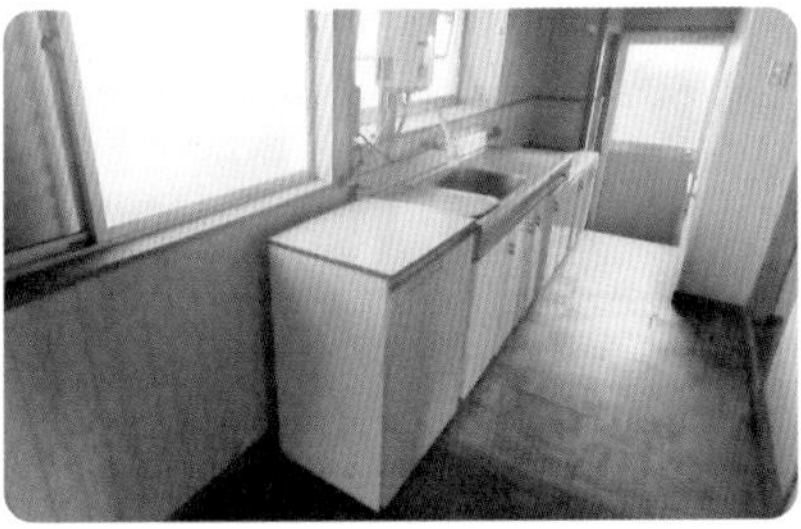

キッチン移動前。玄関入ってすぐの和室にあったが、天板のみを残して他は処分

キッチンも玄関入ってすぐの和室に移動させて、リフォームしました。

ここの床下は、シロアリで木材がスカスカになっていたところです。**事前に毒餌＋消石灰＋籾殻くん炭でシロアリ対策をしてあります**（75ページ参照）。

水道管の工事が終わった段階で、このキッチンの床のリフォームにとりかかりました。

床下の根太はシロアリにやられてダメになってしまったので、新しく打ち直します。その上にステ板を並べて、ビスで打ち付けていきます。

このキッチンの床で忘れてはいけないのが、**ガス管**

丸く切り取るにはジグソーがいい(❶)

無事、ガス管や水道管が通った!(❷)

フローリング風のクッションフロアを敷く(❸)

や水道管、排水管などを通すための穴をいくつか開けておくことです。いろいろな電動工具で格闘した結果、ジグソーで何とか開けることができました（写真❶❷）。

この後の作業は、トイレの床と同じです。

透湿防水シートを敷いた上に根太を打ち付け、籾殻くん炭を撒きます。籾殻くん炭は防湿効果の他、断熱効果もあるそうです。その上に床板をビスで打ち付けていきます。

次は、床の最後の工程です。床板の上にフローリング風のクッションフロアを敷いて、両面テープで張っていきます（写真❸）。

古民家にクッションフロアは意外かもしれませんが、人間と犬猫に優しい家にしたいので、あえて固い床の上にクッションフロアを張っています。

シンクは再利用しカウンターテーブルは自作

キッチンにシンクを設置する際は、この家にもともとあったシンクを再利用することにしました。シンクを庭に出して磨くとピカピカに！

ただ、シンクの中の木がカビていたため、**上の流し台部分だけを使うことにして、脚の部分は木材で作り直します**。ガスコンロを置く台も、上の天板だけを再利用して、木材で脚を付けました（写真❹）。

その反対側の**カウンターテーブルは、すべて自分たちで作りました**（写真❺）。近所の製材所からいただいた天板にサンダーをかけてディスクグラインダーで磨いた後、オイルで塗装したら、きれいになりました。そこに木材の脚を付けました。

最後は、犬猫がキッチンに入らないように自作のフェンスゲートを付けたら、キッチンの完成です。この日は友だち数人が手伝いに来てくれたので、作業もすいすい進み、シンク回りは1日でできてしまいました。

排水管も水道管も無事つながり、ついに蛇口から水道水が出ました。**蛇口から水が出る、という当たり前のことに大感激した僕でした**。

左側がシンク。流し台だけを再利用し、脚部分は木材で制作。右側にあるのがガスコンロ台。天板に木材で脚を付ければ、キッチン完成！（❹）

シンクの反対側にカウンターテーブルを設置。火を使うエリアは危険なので、ペットが危なくないよう柵もこしらえた（❺）

Column

03

3500円で
憧れの五右衛門風呂を作る！

お隣さんからヒノキの樽《たる》をいただいたので庭に五右衛門風呂を設置しました。庭にある井戸水が使えるので、ホースでこの樽までつなげば、五右衛門風呂ができるはず、と考えました。しかし水圧が弱いために井戸水が安定しない！（ありがたいことに後に水道屋さんが直してくれた）

さらに大変だったのは、お湯を沸かすこと。ドラム缶の風呂なら下から火であぶれば温まりますが、ヒノキなので燃えてしまいます。

採用したのは、樽の横に2ヶ所の穴を開けて水道用の金属管を通し、その金属管を火であぶって中の水を温める方法です。

とはいえ、お湯が沸くまでにものすごく時間がかかりました。かかった費用は、金属管とジョイントなどで3500円。お湯はそこまで熱くならなかったけれど、景色は最高でした！

4章

マイナス15度の土地で冬支度

暖かいリビングと
薪ストーブ作り

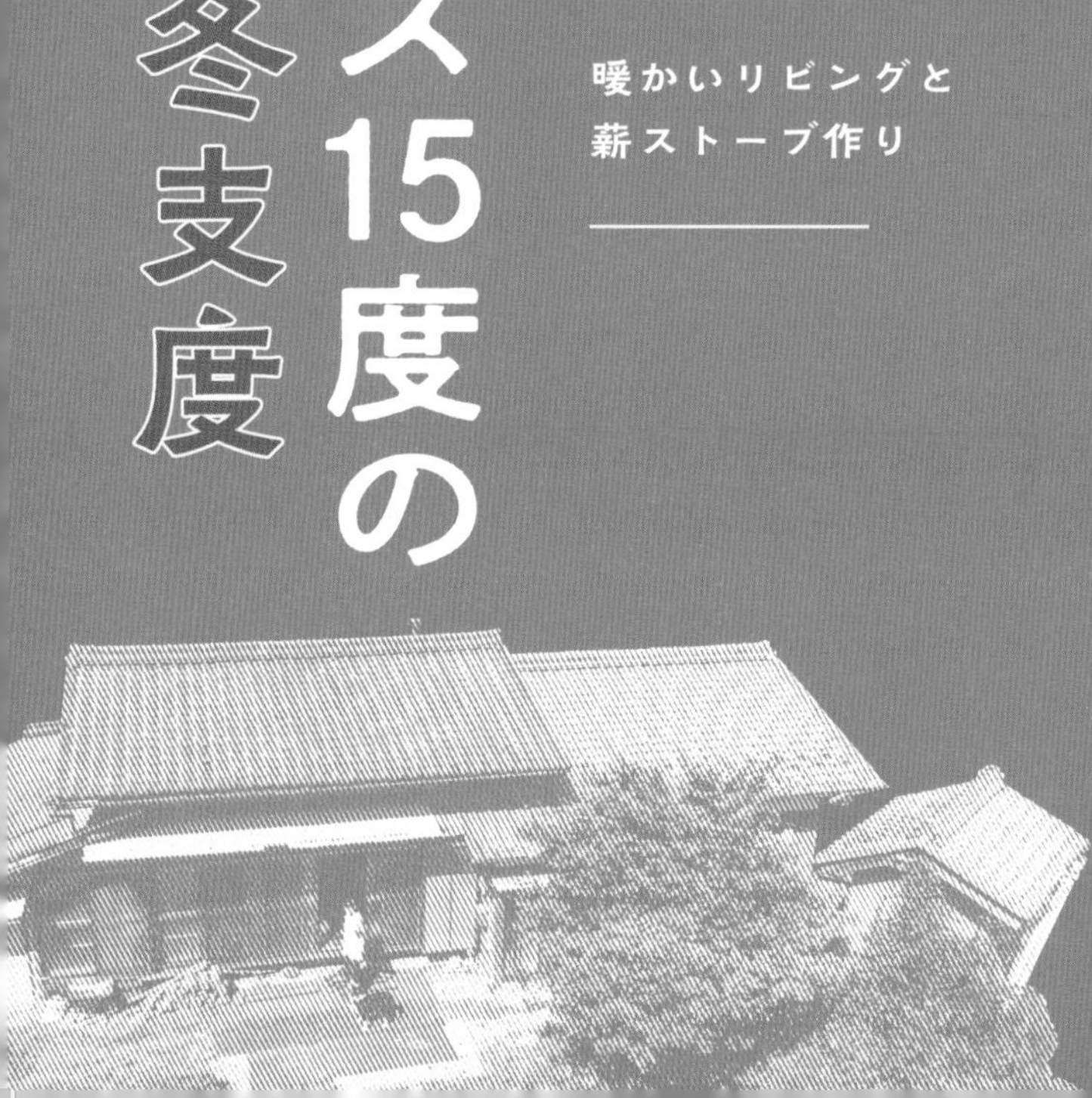

リビングの床張りと補強

Mission
11

リビングに床張りをして冬に備える！

真冬はマイナス15度になる土地で防寒対策

ここ東白川村の冬は厳しく、真冬にはマイナス15度の寒さになります。僕が住んでいるのは、村の中でも特に寒い地域だそうです。初めて迎える厳しい冬に向けて、いろいろな準備が必要でした。

特に古民家は隙間が多いので、防寒対策が必要です。考えたのは主にこの4つ。

防寒対策

1. 断熱効果を高める床張りをする（特に1階のリビング）
2. 1階のリビングに薪ストーブを設置する
3. 天井に断熱材を入れる
4. 暖かい空気が集まる屋根裏部屋をロフトに改造して、寝室にする

薪ストーブは煙突を外までつなげる必要があり、難易度が高くなります。この章では、リビングの床張りと薪ストーブの設置についてお伝えします。

ちなみに、東白川村というと「あの豪雪地帯の……」と反応される方が多いですが、それはきっと白川村（白川郷）のことと思われます。

同じ岐阜県でも、あちらは富山県境で雪も多いようですが、ここ東白川村では雪はそこまでたくさんは降りません。冬が来る前に車のタイヤをスタッドレスタイヤに変えましたが、チェーンを付けるほどではありませんでした。

床下を補強して床を張る

リビングに薪ストーブを設置するために必要な作業は、次のような手順です。

1 床下を補強して床を張る
2 薪ストーブを置くための炉台を作る
3 煙突を作る

4 屋根に煙突を通す穴を開ける

まずは、床下の補強です。薪ストーブが重いので、床下の床束《ゆかづか》（大引を支える短い柱）を補強します。

薪ストーブを置く場所の床下を開けて、土の上にブロックを置き、その上にジャッキのように自由に高さが調節できる鋼製束《こうせいづか》（写真❶）を入れて大引を支えます。その後、錆びないように鋼製束の下部分をモルタルで固め、上に床板を敷いてビスで留めたら、床下の補強は完成です。

鋼製束の値段は長さや種類によって違いますが、1本500円前後で買えます。

この後は床張りの作業ですが、だいたいキッチンと同じ作業になります。

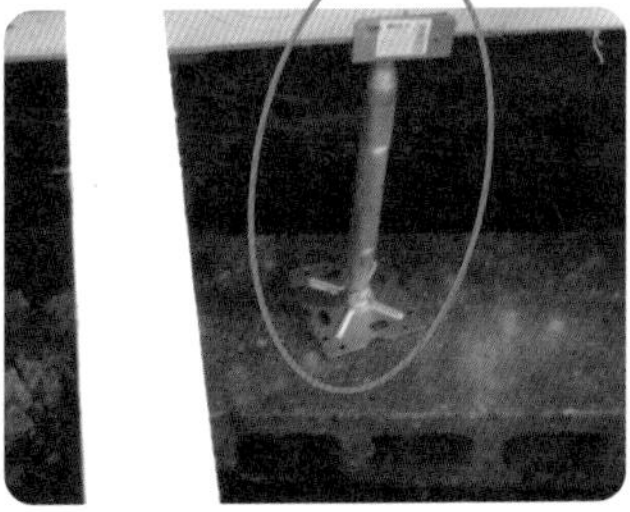
薪ストーブの床の補強として、大引の下に鋼製束を入れる（❶）

最後にクッションフロアを張る（❷）

床張りと壁作りでは断熱性を重視

床板の上に、外側からの湿気は通さず、内側からの湿気は通すという透湿防水シートを張っていきます（表裏を間違えないよう、注意が必要です）。

その上に補強部材の根太を並べた後、籾殻くん炭を敷き詰めます。**籾殻くん炭は防湿にいいだけでなく、熱を伝わりにくくする断熱性にも優れていて、夏は外の熱気を遮断し、冬は家の中の暖気を外に逃さない性質があるそう**。これでも寒いようなら、もっと暖かい断熱材を入れることにします。

両面テープでクッションフロアを張ったら、完成です（前ページ写真❷）。

また、リビングには新しい窓も付けます。この窓はロフトに付けるためにリサイクルショップで買ってきたのに、**なんと計測ミスでロフトの柱の間には入らず……**。そこで、この部屋に付けてみます。

窓を付ける壁全体を取り外して、壁と同じ大きさの木枠を作ります。その上部に窓枠を取り付け（写真❸❹）、下の壁には断熱材を入れてコンパネで蓋をしました（写真❺）。この日はＹｏｕＴｕｂｅｒ仲間の「ジョイ家」さんが手伝ってくれたので、とてもスムーズにできました！

壁を抜き、壁と同じ大きさの木枠を作り、取り付ける（❸）

木枠の上部に窓枠を入れ、下部には断熱材を入れる（❹）

コンパネの下には断熱材を入れる（❺）

Mission
12

薪ストーブを設置する手順と方法

3万円で薪ストーブを手に入れる

冬に備えて、ネットで薪ストーブを探し、中古のノザキ製のものを3万円で手に入れました。

なぜ薪ストーブにするのかというと、ご近所さんたちから「すごく暖かいよ」と聞いていたからです。**しかも、燃料になる薪が安い**。

お隣さんに紹介していただいた村の製材組合では、軽トラ1杯分の薪を1000円で売ってくれます。その1杯で1ヶ月半くらいは持ちます。

ただ、薪ストーブだけでは他の部屋まで暖まらないので、**真冬はガスストーブも併用しています**。ひと冬を越してから家計を見直してみたら、**冬のガス代は平均で月2万円ほど**かかったので、やはり薪代は格安です。

さて、移住して1ヶ月ほど経ち、いよいよ秋が深まってきた10月半ば。

待望の薪ストーブが届きました。

まだ10月半ばなのに、朝の気温は3度。本格的な冬がやって来る前に、暖かい寝床を用意しなければいけません。

ときどき「冬に間に合わなかったら？」という不安が胸をよぎりましたが、いざとなればお隣さんも来ていいと言ってくれていたし……なんて、無理やり楽観的に考えていました（笑）。

床の炭化を防ぐ炉台の重要性

次の工程は、薪ストーブを置くための炉台作りです。**炉台を置かずに直に薪ストーブを置くと、床が炭化して、そのうち燃えてしまうそうです……。**

炉台の材料は、ケイカル板（ケイ酸カルシウム板）という断熱ボードと、レンガ、モルタルです。

耐熱性が高いケイカル板は炉台に向いています。でも近隣には売っている店がなく、ネットでもちょうど良いサイズが見当たりません。あちこち電話して、ようやく車で1時間ほどのホームセンターで購入できました。

レンガも近くのホームセンターで買ってきて、オイルステインを塗ります（レンガの赤色が強いのが気になるので、黒っぽい色にするため）。

次に、これもオイルステインで黒く塗った木材で炉台の木枠を作ります。

レンガと木枠を乾かしたら、薪ストーブを置く場所を決め、そこにサイズに合わせてカットしたケイカル板を敷きます。

その上に木で作った枠をはめて固定し、練ったモルタルを流し込みます（次ページ写真①）。そこにレンガを並べます（写真②）。

ちなみに、**ケイカル板は薄くて割れやすいので注意が必要**です。余分に買っておくのがベターです。

そういえば、ケイカル板を置くだけでも十分な耐熱性能があるようですが、**僕は耐**

熱性をより高めるため、また見た目を良くするために炉台を作りました。

レンガとレンガの間にモルタルを入れて乾かしたら、炉台の完成です（写真❸）。

ケイカル板に木枠をはめ、モルタルを入れる（❶）

モルタルの上にレンガを並べる（❷）

炉台の完成。薪ストーブの色と合ってなかなかいい感じ……（❸）

100万円かかる薪ストーブの煙突を自作する

さて、次は薪ストーブでもっとも大事な煙突作りです。そもそも薪ストーブの設置というのは、**業者さんに頼むと100万円くらいかかってしまう**そうです。

でも、インターネットで調べると、自分でやっている人もいました。やり方も書いてあったので、それを見ながらやれば、自分たちでもできるかもしれない……そう考えてトライしてみます。

薪ストーブを自分で取り付けるときの最難関は、何といっても煙突です。最悪の場合、火事になってしまう可能性もあります。

中でも悩ましいのは「煙突をどうやって外に出すのか問題」でした。外に出す方法は2つあります。

1 煙突を上に伸ばして屋根から出す（屋根出し）

部屋の中から煙突を伸ばして屋根をぶち抜くことに……

2 煙突を横に伸ばして、壁から出す（横出し）

1の屋根出しは、いろいろな人から「素人には無理」と言われました。**煙突を出した部分から雨漏りしてしまったり、火事のリスクが高くなったりする点や、二重煙突がマストになる点からです。**

そのため2を選ぶ人が多いけれど、これも簡単ではないようです。横に伸ばした煙突内には煤《すす》が溜まりやすく、煤が詰まると火事になってしまうので、月1回は掃除をしなければいけません。

お隣さんのところは家が大きくて煙突の

横部分も長いので、週に1回、掃除していると聞きました。

悩んだ末、うちは屋根から出すことにしました。僕にはマメな掃除はできないし、家の中心に置いた方が暖かいという理由で……。また、上に煙突を伸ばした方が、薪もよく燃えるそうです。

雨漏りなら、塞げば何とかなりそうですが、火事はどうにもなりません。火事にならないようにだけ、細心の注意を払いながら、**素人には無理と言われる屋根抜き工法に挑戦してみようと決めました**。

話は少し前後しますが、床張りや炉台の作業の前に、薪ストーブを置く場所を決めました。我が家では、薪ストーブの煙突をまっすぐ上に伸ばすと、ちょうど鴨居（引き戸の上部）にぶつかる場所にしました。

そこで、鴨居をノコギリで切って外していきましたが、これが予想外に大変な作業で、結局1日がかりになってしまいました。

意外と大変だった鴨居を外す作業

部品代10万円分のコストカットに成功

この後は、煙突を作る作業です。でも、ここで衝撃的な事実が判明します。それは、**煙突を作るためのパーツ代に、予想以上のお金がかかること**。

二重煙突に約10万円、フラッシングという煙突に被せる雨よけ（市販品）に約10万円、固定するパーツなどに約3万円。**部品だけで20万円を超えてしまいます**。薪ストーブは100万円かかると言われた意味がわかりました……。

でも、フラッシングについてネットで検索してみると、市販品を買わなくても、3000円程度で作る方法があるようです。設計図を公開してくれている方もいたので、僕もそれを見ながらトライしてみます。

フラッシングは、屋根から煙突を抜く際に設置する円錐形のカバーで、ステンレス鋼材やガルバリウム鋼材などで作ります。

我が家ではガルバリウム鋼材をネットで見つけた設計図通りにハサミでカットし穴を開け（写真❶）、ブチルテープ（防水用テープ）を挟んでリベットで留めました（写真❷）。金属加工に慣れている車屋のヒロくんが手伝ってくれて助かりました。

そのフラッシングの下に、防水のためにワカフレックスという水切りシートを付けて（写真❸）、さらに同じガルバリウム鋼材で作った円錐形のストームカラーという雨よけを重ねます。

これでフラッシングができました。**自作で10万円分が浮きました！**

ガルバリウム鋼材を使ってフラッシングを自作。リベット用の穴を開ける（❶）

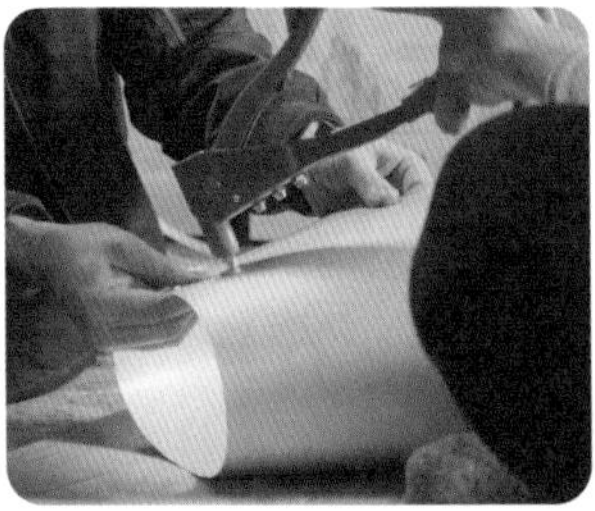
丸めてリベットで留める。内側は防水用のブチルテープで固定（❷）

下にワカフレックスを付ける（❸）

二重煙突をオシャレに仕上げる

次は、煙突の本体です。煙突にはシングル煙突と二重煙突がありますが、**シングルだと煙突が熱くなってしまって火事になる危険性があるそうなので、二重煙突を選択**。

まず、約1000円で購入したシングル煙突にロックウールを巻き付け、針金でくくり付けます（次ページ写真❹）。ロックウールは防熱性に優れた断熱材で、煙突に断熱材を巻き付けることで中の煙が冷えにくくなるそうです。

そうすると、煙突内もきれいな状態を保てるために上昇気流が起こって、薪ストーブの火もよく燃えるそう。

ロックウールを巻いた煙突をさらに大きな煙突で覆って、二重にします（写真❺）。煙突の上部は、外側の煙突に切り込みを入れて内側に折り込み、耐熱アルミテープで塞いでおきます（写真❻）。
見た目を黒色で統一したいので、黒い耐熱スプレーで煙突を塗装したら、煙突の完成です。1本2000円くらいで制作できましたが、完成品を買うと1本2万円くらいします……。

ちなみに、この煙突を作る際にはご近所の大工さんにプランを見ていただき、安全面の問題はないことを確認していただきました。

シングル煙突にロックウールを巻き、針金でくくり付ける（❹）

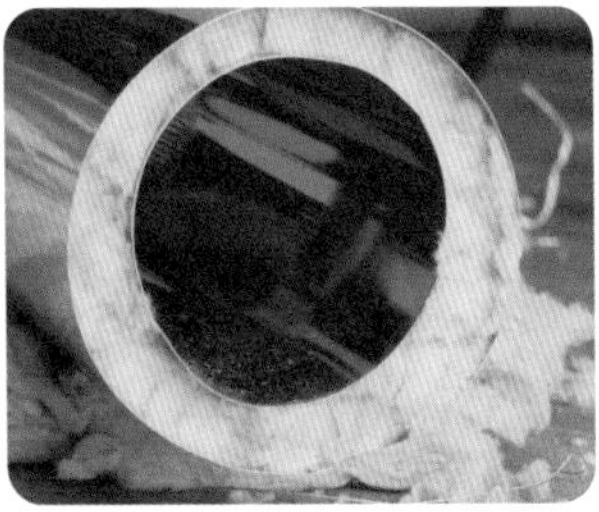

二重煙突の中はロックウールが詰められている（❺）

外側の煙突の下に切り込みを入れて折り込み、テープで塞ぐ（❻）

煙突を設置するため屋根を抜く

いよいよ、煙突の設置作業に入ります。

まず屋根を抜く部分を補強するための木枠を作ります。50センチ程度の木材を四角く組んで枠を作り、内側にケイカル板を張っておきます。

天井に穴！　もう引き返せない…（❼）

屋根の上から穴に木枠をはめ、垂木や梁と固定する（❽）

煙突を固定するパーツを留める（❾）

次は天井に穴を開けます。インパクトドライバーで天井に小さな穴を開けたら、ジグソーを使って穴を広げていきます（前ページ写真⑦）。屋根の上に登って瓦をどかし、ノコギリで太めの垂木を切って穴を木枠の大きさまで広げたら木枠をはめて、垂木や梁に固定します（写真⑧）。

煙突を薪ストーブに設置して天井の穴から出し、煙突を固定するパーツでがっちり留めます（写真⑨）。このパーツは1万4000円くらいで売っています。

紐を垂らして垂直になるように調整しながらパーツを固定していきます。でも、なかなか固定することができなくて意外に難しい作業でした。

そこに、自作のフラッシングを被せます（写真⑩）。

瓦を戻し、煙突上部にT型の煙突トップを被せて耐熱シリコンでコーキングしたら、設置完了です（写真⑪⑫）。

ワカフレックスの下に金属の棒を入れて高さを調節（⑬）

フラッシングを被せる（⑩）

べるは薪ストーブ前が定位置に…（⑭）

周囲の瓦を戻す（⑪）

T型の煙突トップを被せる（⑫）

すぐに雨漏り……でも塞げばOK！

12月中旬、こうして薪ストーブが使えるようになりました。

……と思ったら早速、煙突を出した天井部分から、雨漏りです。ご近所の大工さんに見ていただいたら、**どうやらフラッシングの被せ方が悪く、フラッシングの真ん中がへこんでいて、雪が溶けた水が溜まっていたようです**。

フラッシングの下に金属の棒を入れて高さを調節するというアドバイスをいただいて、やってみたら雨漏りしなくなりました（前ページ写真⑬）。やはり詳しい人に聞くと、よくわかりますね。

これでようやく薪ストーブの完成です。無事に火もつきました。

薪ストーブはガスストーブや石油ストーブなどと比べても、とにかく暖かくて、幸せな気分になります。猫のべるは冬の間中、薪ストーブの前からほとんど動きませんでした（写真⑭）。

薪ストーブの上に鍋を置いてスープを作ったり、お湯を温めたり、フライパンを置いて料理したり。

また、薪ストーブの前の扉を開けて、焼きマシュマロもしてみました。薪ストーブ、最高です！

素人が自分で設置するのは無理と言われ、お金で解決する手もありました。**でも自分たちでやり遂げたからこそ、最高と思えるのかもしれません**。

何とか冬を迎える準備を終えて、薪ストーブの前でホッとひと息です。

Column

04

お隣さんに弟子入りしてお米作り

移住して半年後の春、お米作りを始めました。

お隣さんが育てている無農薬のお米の美味しさに感動して、つい弟子入りすることに……。ありがたいことに、**お隣さんからは田んぼの一画をお借りすることができ**、無農薬農業も教わって苗もいただきました。

無農薬農業は化学肥料を一切使わないので、手間も時間もかかります。田んぼの整備や種籾の選別、苗床作りなど、田植えの前にやる作業が多いことに驚きます。お米作りもDIYもやり始めるまでが一番しんどいですが、やり終わった後の達成感は何にも変えがたいもの。

夏は田植えをして、この後は毎日水の入れ替え。秋に収穫したお米を食べたら、いつもより美味しく感じました。

5章

屋根裏部屋の改造計画

屋根裏部屋を憧れのロフトにする

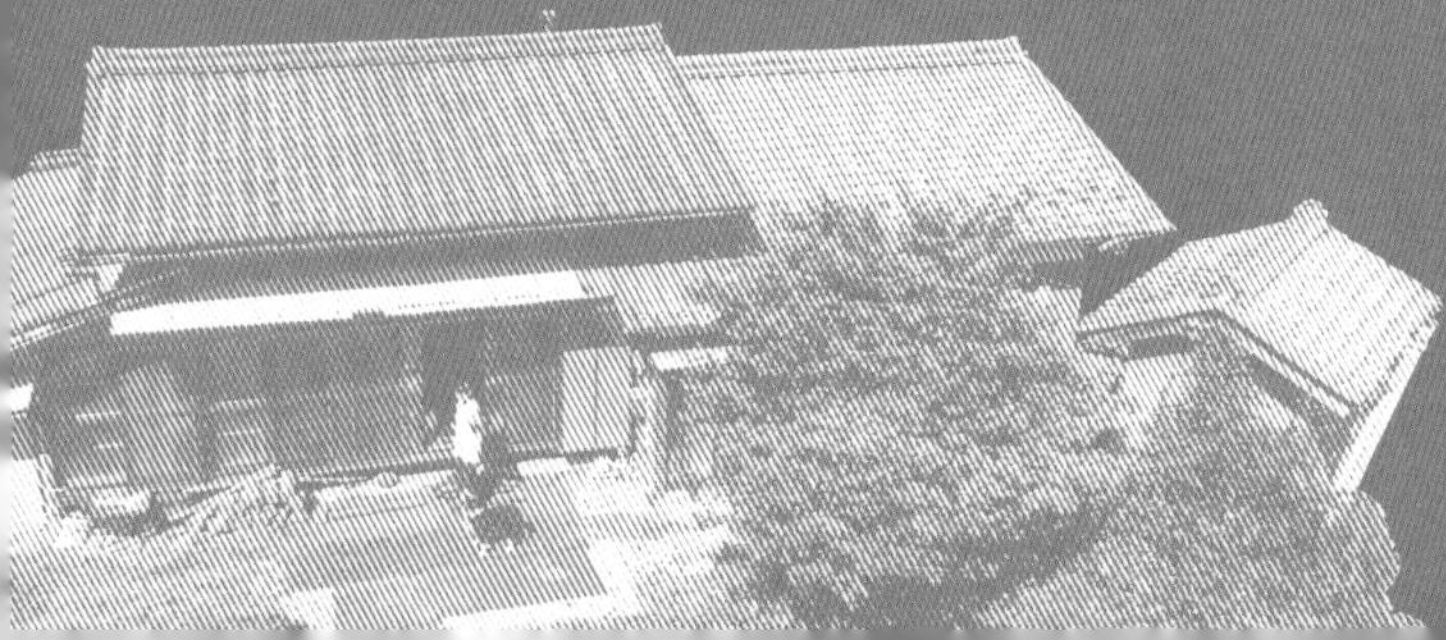

Mission
13

屋根裏部屋を改造して吹き抜けのロフトを作る

虫の死骸と埃だらけの屋根裏部屋

移住してすぐの屋根裏部屋。ヘビの抜け殻とハチの巣の跡が散乱していた

最後の章は、屋根裏部屋のリフォームです。

ここはもともと屋根裏部屋というには広い部屋で、2部屋分ありました。

移住直後、ここに上がって最初に目にしたものは、**一面の土と埃、ヘビの抜け殻にハチの巣の跡……**。息をするのもためらわれるような汚い場所でした。壁も真っ黒の土壁で、壁や天井にところどころ穴が開いて外が見えています。

気が進まなかったのですが、半分の床を抜いて吹き抜けにし、もう半分を残してロフトにすることに決めました。

初めに行うのは、屋根裏部屋の半分の床を抜いて、ロフトにする作業です。

抜く部分の床に打ってある釘を抜いて、床板を剥がしていきます。

打ち付けてある木材も、丸ノコでカットしていきます（写真❶）。

その後、残りの半分のスペースにはフローリング材を張っていきますが、屋根裏部屋の床はもともと水平ではなく、ガタガタでした。この部屋には人が住んでいなかったので平らにしようと考えていなかったからだと思いますが、ところどころに柱が突き出ていました。

突き出た柱をノコギリでカットし（写真❷）、水平器で水平を測りながら、床の長さに切った3センチの

屋根裏部屋の半分の床板を剥がす（❶）

突き出た柱をノコギリでカット（❷）

厚さのスギの板をビスで固定していきます（写真③）。**ちなみに、このロフトの床下には断熱材は入れていません。**

家の上部には暖かい空気が循環してきますし、フローリング材として張ったスギの板が3センチで、かなり分厚いため、断熱材はいらないと木材屋さんにも言われました。これで、ロフトのフローリングが完成です（写真④）。

それから、屋根裏部屋に上がるための階段は以前のものをそのまま使っています。

また、**ロフトの端に柵は付けていません。**

階段からはマットレスを下ろせないので、いつでもベッドのマットレスを下ろせるよう柵は付けませんでした。

フローリングを張る（③）

ロフトのフローリングが完成（④）

苦労して張り付けた断熱材が逆効果に！

次は、ロフトの壁や天井の改修です。
それまで屋根の斜めの傾斜と天井の間の隙間はワラで塞がれていました。そのワラを取って、木材で塞ぎ直します。また、土壁と柱の間の隙間はコーキング剤を充填して埋めていきます。
天井の割れている箇所には、木材を張り付けて補修しました。

次は、**天井の断熱**です。屋根に直接ロックウールの断熱材を張り付けて、タッカーで留めていきます。やる前は簡単そうに思えた作業でしたが、実際にやってみると、**ずっと上向きの作業なので体勢を維持するのが難しく、かなりハードな作業**でした。

断熱材を張ったら、その上をベニヤ板で覆っていきます。長いベニヤ板を断熱材の上からビスで打ち付けていく作業も、またひと苦労でした。

でも、実はこの日の作業は大間違いで、僕は後悔することに……！

この日の様子をＹｏｕＴｕｂｅで配信したら、その後、多くの視聴者から「天井を塞ぐと、結露して木材が腐る」というアドバイスをいただいて、唖然としてしまいました。

屋根に断熱材を張り付けるのはそもそもネットで見つけた断熱方法でしたが、それが良くないというコメントをいくつもいただき、慌ててネットで調べ直すと、出てくるではないですか。**「木造の天井は、決して塞いではいけない」という情報が！**

結露というのは、外気と家の中の気温差によって発生するそうです。

冬の朝によく窓の内側に水滴がついていますが、あれが結露です。寒い地方で見られる二重窓は中間に空気の層ができるので、結露が発生しません。

実は、屋根もその二重窓と同じ構造で、**屋根と天井の間に空気の層を作っておかな**

屋根に断熱材を張ってタッカーで留めていく。しかし、
これが大きな間違いだった…！

いと、結露でビチョビチョになってしまうそうです。

最近の住宅は最初から高気密・高断熱住宅として作られているようですけど、古民家はその反対で、木材や土台が湿気でカビたり腐ったりしないように通気性の良さを重視して作られています。

家の外と中の気温があまり変わらないので、結露が発生しにくいそうです。

とにかく、古民家の場合は屋根に空気の層を作っておかないと、結露が発生しやすいのだとか。十数時間もかけて張り付けたベニヤ板と断熱材を、すべて剥がしてやり直さなければいけません。

ただ、かなり苦労してやり遂げた作業だったため、メンタル面へのダメージが大きく、心が折れてしまいました。

そのため、このロフトはしばらく放置し、いったんリビングなど別の場所の作業に移ることにしました。ロフトは仮トイレの設置後すぐに手をつけた場所でしたが、結局2ヶ月間ほど作業を中断することに……。

古民家の断熱では空気の層が大事

ロフトの作業を中断し、しばらくリビングの床張りや薪ストーブ設置の作業をしていましたが、その2つが完成したことでようやく落ち着いてきました。

本格的に寒くなってきた2021年12月、意を決してロフトの作業に戻ります。そろそろここをきれいにして、寝られるようにしなければ……。

断熱材を直接屋根に張ってはいけないということなので、**今回は屋根と断熱材の間**

屋根に胴縁を張る（❶）

胴縁の下に断熱材を張り付ける（❷）

断熱材の上に板を付ける（❸）

に空気の層を作ります。

まず屋根に胴縁を張ります（写真❶）。

胴縁は柱と柱との間に取り付ける木材で、その下に断熱材をタッカーで張り付けていきます（写真❷）。

こうすれば、屋根と断熱材の間に薄い隙間ができて空気の層ができるので、結露を防ぐことができます。

落ちてくる断熱材を一人が押さえて、もう一人がタッカーで留めていきますが、やはりこの上向きの作業が改修工事の中で一番しんどいものでした。

その上をベニヤ板で覆い、ビスで留めます（写真❸）。

途中で心が折れかけたこの天井の作業も、これでようやく完了しました。

ロフトの壁にボードを張って見栄えよく！

ロフトの床と天井ができたので、今度はロフトの壁のリフォームです。以前住んでいた方が囲炉裏《いろり》を使っていたため、屋根裏だったこの場所の土壁には煤がついていて、とても汚れていました。

そこで、壁一面に石膏ボードを張ります。壁の柱と柱との間に胴縁を打ち、その上に石膏ボードをビスで打ち付けていきます。

ただ、石膏ボードは壁のサイズに合わせてカットしなければいけません。梁がある部分は、その形に合わせて切ります。

梁や柱の形がそれぞれ違うので、一つひとつサイズを測って石膏ボードに図面を下書きして、カットするという作業には予想外の手間と時間がかかりました。細かく切らなければいけないときはノミを使って調整します。

1日で終わるかと思っていたら、石膏ボードを張るのに1週間以上かかってしまい

ました（写真❶〜❸）。

サイズを測ってボードに下書き（❶）

石膏ボードをカッターで切る（❷）

梁の形に合わせてカット。胴縁の上にビスで固定する（❸）

パテ、下地、珪藻土で壁を塗装して美しく

次は壁の塗装です。石膏ボードの隙間をパテで埋めていきます。洗面脱衣室のところでも使いましたが、壁用のパテは隙間だけでなく、壁のへこみや穴にも塗って補修できます。

コテ板にパテを出し、コテを使って石膏ボードの隙間に塗っていきます（写真❹❺）。このとき僕はうっかりして途中まで忘れていましたが、床や天井など、**パテがついたら困る箇所にはマスキングテープや新聞紙、ビニールシートなどで養生しておくことをおすすめします**。

次は壁全体に下地を塗ります。ローラーパケセットを買い、付属のローラーで塗ってみるものの、初心者の僕にローラーは使いにくく、結局ハケで塗りました（写真❻）。

コテ板にパテを出す(❹)

ボードの隙間にコテでパテを塗る(❺)

壁全体にローラーで下地を塗る(❻)

下地を2回重ね塗りしたら、後は珪藻土を塗るだけです。

洗面脱衣室のところでも書いたように、**珪藻土は調湿効果があるため、寝室にもいいそうです**。色はクリーム色を選びました。

珪藻土は、粘り気のある粘土質なので、仕上げ方も扇型の模様を付けたり、ウェーブ状にしたり、ハケで線を引いたりと、いろいろ応用できます。我が家はコテで塗った跡をあえて残してオシャレに見せます。

というか、パテを塗った部分がガタガタなので、それしかできませんでした（写真⑦⑧）。

これも、2回重ね塗りします。車屋のヒロくんが手伝ってくれたこともあって、あっという間に塗り終わりました（写真⑨）。

シーリングファンを付けて、ロフトの工事が終了です。**シーリングファンは、上に溜まった暖かい空気を循環してくれます**。

石膏ボードを張る作業に予想以上の時間がかかったので、ロフトの壁のリフォームだけで2週間ほどかかりました。

コテで珪藻土を塗る(❼)

あえて塗りムラを残す仕様……(❽)

ロフトの壁のリフォーム完了!(❾)

シアタールームに改造

Mission
14

ロフトがシアタールームに様変わり！

吹き抜けの空間で優雅に映画鑑賞！

壁が乾いたら、いよいよロフトにベッドを運び入れます。

ベッドは兵庫県の家で使っていたもので、**運送会社に頼むと10万円くらいかかってしまう**と言われたので、自分たちで運びました。

フレームは解体して愛車（ミニクーパー）の後部座席に、マットレスは車の荷台に積んで、兵庫から運びます。

法律で決められた積載物の上限ギリギリの大きさで、高速道路では周りの車からの視線をビシビシ感じました。

1階に置いてあったベッドをロフトに運び上げるのにも苦労しましたが、何とかマットレスを引っ張り上げます（171ページ写真❶）。

そこに、カウチソファとＩＫＥＡで買った照明も置くと、一気に寝室らしくなりました。

そして、僕にはある夢がありました。古民家を買ったら、シアタールームを作りたいという夢です。

ありがたいことに、ＸＧＩＭＩ《エクスジミー》さんという企業から４Ｋプロジェクターを提供していただきました。また、友人の「ジョイ家」さんからは、なんと１００インチのスクリーンをもらってしまいました。４Ｋプロジェクターはロフトに置き、スクリーンは吹き抜け部分の壁に取り付けます（写真❷）。

これで、ロフトがシアタールームになりました（写真❸）。

こうして、ついにロフトが完成です。

屋根裏部屋を初めて見たときは、リフォームなんて正気じゃないと思ったけれど、結果的には最高にくつろげる部屋になりました。

10月頃から手をつけ始め、途中の放置期間を経て改修工事が終わったのが1月の終わり頃。移住してすぐの頃はＤＩＹに慣れていなかったこともあって、かなり作業時間がかかってしまいました。

この後、人間以外がロフトに上がらないよう、階段の下にはペットの出入り防止のための柵も付けました。

フレームは解体して、マットレスはそのままロフトに運び上げる（❶）

梁の上を移動し、吹き抜け部分にスクリーンを設置（❷）

100インチの巨大スクリーンに映像を流しつつ優雅に読書も（❸）

客間とダブルベッド作り

Mission
15

たっぷりと木を使った癒しの客間でおもてなし！

ふすまと柱と窓を付けてベッドを自作する

これまでリビング、ロフト、キッチン、浴室、洗面脱衣室、トイレ……と、各部屋のリフォームをしてきましたが、リビング横の部屋を客間にすることにしました。

まず、ふすまを取り付けます。この部屋はもともと隣のリビングと一つの和室だったので、リビングとの間の仕切りがありません。そこで、他の部屋で使われていたふすまと、下の敷居をリビングとの境に付けます。敷居のサイズを部屋に合うようにカットして、ビスで固定。

手のかかる作業でしたが、ＹｏｕＴｕｂｅｒの仲間たちが手伝ってくれたので、スムーズにできました。

また、この部屋の真ん中にはもともと大きな柱が立っていましたが、大工さんに相談したところ、**部屋の左右の端に新しい柱を2本付ければ、真ん中の柱は外しても大**

丈夫とのこと。早速、太い柱をもらってきて、寸法を測って丸ノコで切り、左右の端に打ち付けます（写真❶）。

真ん中の柱を外したら、床張りです。**これはもう4部屋目なので手馴れたもの**。他の部屋と同じように床を張ったら、この部屋にはゴザを敷いて出来上がりです。

さらに、この部屋には**自作のダブルベッド**を置きます。

YouTubeで見つけた動画を参考にして作ったので、木材も書かれている通りのサイズに、書かれている通りの本数をカットすればいいため、それほど手間もかかりませんでした。

ツーバイフォー材をカットして長方形に組み、その四隅に脚になる木材を付けます。この長方形をもう1つ作って、2つをボルトでつないだら、ベッドフレームの完成です（写真❷）。

そのサイズに合うようにスノコを作り、フレームの上に載せれば、ダブルベッドの出来上がり（写真❸）。

真ん中の柱を取り、左右の端に新しく柱を付ける(❶)

長方形を2つ作ってボルトでつなげたら、ベッドフレーム完成(❷)

スノコを載せて、ベッドが完成!(❸)

この時期にはDIYにも慣れてきたのか、このベッドも2時間ほどでできました。

窓も古くなっていたので、新しい窓に付け替えます。**リサイクルショップで7900円だった新品未使用の窓です。これは掘り出しものでした。**

リビングで窓を付けたときと同じ手順で窓を付けていきますが、今回の新しい窓は古い窓のサイズより小さいので、木材を枠の両側に入れてサイズ調整をします。でもこの後、枠を左右逆の向きに取り付けていたことが判明して、やり直しました。左右逆だと枠のサイズも変わってくるので、また木材をカットし直して……ようやく窓が完成しました。

これで人が生活できる部屋ができ、1年前には想像できないくらいの古民家に変貌。夏には無事にお客さまを招待することができました！

ここまでようやくリフォームはひと段落。これからはちょこちょこと手を入れて、部屋を改造したり改修したりしていこうと思っています。

おわりに

古民家のリフォームを通して生きがいを見つける

ここまで読んでいただき、ありがとうございます。

僕の古民家生活も、2回目の冬を迎えました。

1年間この家で過ごした今、感じているのは、「意外と何とかなるものだなあ」ということです。

初めのうちは、問題に直面して絶望を感じることもありました。

シロアリがいるのを見たとき、天井のリフォームでやり直さなければいけないとわかったとき、スケジュール通りにいかないとき……。

古民家をＤＩＹしながら暮らすというのは想像していたよりずっと大変なことだったし、思っていたより失敗するし、いろいろと想定外のことも出てきます。

でも、最初は失敗続きでしたけど、少しずつリフォームが上手になってきました。

最初は不慣れだったインパクトドライバーも、使い方もわかっておらずYouTubeの視聴者に教えていただいた丸ノコも、いつの間にか使えるようになって、徐々にやり直しの回数も減ってきました。

それに伴って、いろいろなものが少しずつ形になっていき、新しい部屋ができ、だんだん普通に暮らせるようになっていきました。

まあ、この本を読んでいただいたらわかるように、失敗はたくさんしています。

実は床の水平が取れていないところもいくつかあるし、ガタガタの壁もあります。まだ手をつけられない部屋もあります。

ただ、DIY生活を1年以上続けてよくわかったのは、どんなときも柔軟な姿勢で臨むのが一番いいということ。

失敗しても、いい経験になったと受け入れるとか、ガチガチにスケジュールを決めないとか、ダメなら諦めて他の方法を考えるとか。

ある程度、失敗の想定をしておくのも大事です。薪ストーブを作るときは火事にだけ気をつければ、雨漏りぐらいの失敗はいいと考えていました。実際に雨漏りしたけれど、修理をしたらすぐに直りました。

失敗してもいいから、まずはチャレンジすることが大事だと思います。

心配ごとの9割は起こらないという話がありますけど、この家に来て本当にそうだなと実感しています。

DIYも、地方への移住も、古民家生活もやってみたら何とかなりましたし、チャレンジしてみなければその素晴らしさはわかりませんでした。

だから、もしも今、移住前の悩んでいる自分が目の前にいたら、きっと「その選択は間違っていないよ」と伝えると思います。

それくらい今の生活には満足していますし、今では、この家もこの東白川村も大好きになりました。

僕がそんな東白川村のためにできることは、YouTubeやこうした本で東白川村の魅力をお伝えすることです。**そして、あわよくば村の移住者を増やすこと**。そのためにも、頑張って配信を続けたいと思っています。

村には、意外と仕事もあります。会社でなくとも、田んぼや畑など、人手を欲しているところはたくさんあります。もしかしたら、会社勤めよりその仕事の方が合っている人もいるかもしれませんし、会社勤めよりずっと稼げる人もいるかもしれません。

それに、その仕事をしたら、**喜んでくれる人や感謝してくれる人も多いと思います**。

だから、僕も将来の不安は感じていません。万が一、今の仕事がダメになったとしても、ここには、誰かの役に立てる仕事があることを知っているからです。

もちろん地方移住は人間関係も不安だと思います。僕もそうでした。

でも……実際には楽しいことや嬉しいことの方がずっと多いです。

毎日のように野菜を持って来ていただいて、葉物野菜以外はほとんど買わなくてもいいくらいですし。

ご近所さんがいい人たちだと、こんなに楽しい日々が送れるということは、実際に移住してみるまでわかりませんでした。

ご近所さん以外にも、村で仲良くなった友だち、YouTuber仲間、そしてYouTubeで応援してくださる視聴者の皆さん……。移住してからは特に人の温かさを感じることが多くなりました。

移住して良かったと思うことは、それ以外にもたくさんあります。

中でも大きいのは、**生きているという実感**を得られたことです。

ご近所さんが作ってくれた野菜や米、釣って焼いてくれた魚を食べていると、変な言い方ですが、今、生きているんだなと感じます。

それに、自分たちやペットたちが住む家を自分たちの手で一つひとつ作っていくのは何より嬉しいことで、毎日、大きな生きがいを感じています。

ＤＩＹは、家だけでなく、自分たちの人生も作っている。そんな気がしています。

最後に、皆さんに感謝してこの本を終えます。読んでくださった皆さん、ＹｏｕＴｕｂｅでいつも応援してくださる皆さん、本当にありがとうございます。

そしてこの本を手に取ってくださった皆さんや僕のＹｏｕＴｕｂｅを見てくださった皆さんに、「こんな暮らしもいいな」と少しでも興味を持っていただけたら、これほど嬉しいことはありません。

さらに強く興味を持ってくださった方は、これも何かの縁です。ぜひ村でご一緒しませんか。お会いできる日が来るのを楽しみにしています。

２０２３年２月　ほっち＆まろ＆べる

Staff

ブックデザイン……細山田光宣　藤井保奈（細山田デザイン事務所）
写真……田中 淳（カバーおよび内装の一部）
編集協力……真田晴美
DTP……エヴリ・シンク
校正……ぷれす
編集……杉山 悠

ほっち

YouTubeチャンネル「古民家DIYと犬」の運営者。愛称ほっち。1991年生まれ、兵庫県出身。憧れていた楽器メーカーに就職するもブラック企業で辞め、縁あってIBM Malaysiaで働く。帰国後は英語教室をスタート。その後、ペットと自分の健康を考えて田舎に移住することを決意し、2年ほど移住先を模索した結果、東白川村と巡り合う。2021年9月より移住開始と同時に古民家をDIYするYouTubeチャンネルを開設する。ド素人ながら家中のリフォームを成し遂げ、悪戦苦闘しながらも前に進む姿は多くの人々に影響を与えている。愛犬は、まろ（ボーダーコリー）。愛猫は、べる（三毛）。

築《ちく》100年《ねん》の家《いえ》を1年《ねん》かけて理想《りそう》の空間《くうかん》にしたら生《い》きがいを見《み》つけました。

2023年2月1日　初版発行

著　者　ほっち
発行者　山下直久
発　行　株式会社KADOKAWA
〒102-8177　東京都千代田区富士見2-13-3
電話　0570-002-301（ナビダイヤル）
印刷所　図書印刷株式会社

●お問い合わせ
https://www.kadokawa.co.jp/（「お問い合わせ」へお進みください）
※内容によっては、お答えできない場合があります。
※サポートは日本国内のみとさせていただきます。
※Japanese text only
定価はカバーに表示してあります。

ISBN 978-4-04-605838-6　C0077